珍藏本
纪念版

汉译世界学术名著丛书

哲学与人文地理学

〔英〕R. J. 约翰斯顿 著

蔡运龙 江涛 译

2017年·北京

Johnston, R. J.
PHILOSOPHY AND HUMAN GEOGRAPHY
An Introduction to Contemporary Approaches
(Second Edition 1986)
Edward Arnold(Publishers)Ltd. ,Baltimore
根据英国爱德华·阿诺德出版公司1986年第二版译出

内容简介

本书介绍了当代西方哲学对第二次世界大战后人文地理学的影响,以及人文地理学为当代西方哲学提供的解释。作者把人文地理学看作是社会科学,主要研究社会生活中与空间和地方有关的方面。这种研究显然受哲学和方法论的支配,作者把影响当代英美人文地理学发展的哲学思潮归纳为实证主义、人本主义和结构主义三种,逐一介绍了它们各自所包含的多种哲学和方法论观点,讨论了它们的基本原理及其与人文地理学的关联。本书是作者另一本专著《地理学与地理学家——1945年以来的英美人文地理学》的姊妹篇。

本书作为一部全面、系统、权威、及时且简明地介绍当代西方人文地理学思潮的学术著作,是地理学研究人员、地理系研究生和高年级本科生了解当代西方人文地理学及其哲学基础的重要专著,亦可供从事和学习哲学、社会学、人类学、经济学的有关人员参考。

汉译世界学术名著丛书
（120 年纪念版·珍藏本）
出 版 说 明

2017 年 2 月 11 日，商务印书馆迎来 120 岁的生日。120 年前，商务印书馆前贤怀揣文化救国的理想，抱持“昌明教育，开启民智”的使命，立足本土，放眼寰宇，以出版为津梁，沟通中西，为中国、为世界提供最富智慧的思想文化成果。无论世事白云苍狗，潮流左右激荡，甚至战火硝烟弥漫，始终践行学术报国之志，无改初心。

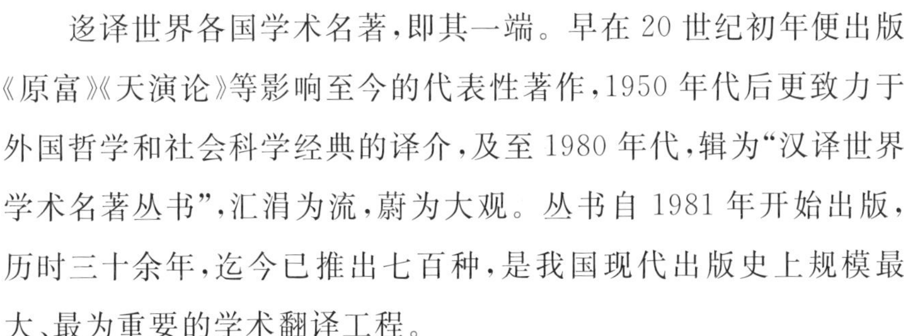

迻译世界各国学术名著，即其一端。早在 20 世纪初年便出版《原富》《天演论》等影响至今的代表性著作，1950 年代后更致力于外国哲学和社会科学经典的译介，及至 1980 年代，辑为“汉译世界学术名著丛书”，汇涓为流，蔚为大观。丛书自 1981 年开始出版，历时三十余年，迄今已推出七百种，是我国现代出版史上规模最大、最为重要的学术翻译工程。

丛书所选之书，立场观点不囿于一派，学科领域不限于一门，皆为文明开启以来，各时代、各国家、各民族的思想与文化精粹，代表着人类已经到达过的精神境界。丛书系统译介世界学术经典，引领时代思想，为本土原创学术的发展提供丰富的文化滋养，为推动中国现代学术和现代化进程做出了突出的贡献。

为纪念商务印书馆成立120周年，我们整体推出“汉译世界学术名著丛书”120年纪念版的珍藏本，寄望既利于文化积累，又便于研读查考，同时向长期支持丛书出版的译者、编者和读者致以敬意。

两甲子后的今天，商务印书馆又站在了一个新的历史时间节点上。我们不仅要铭记先辈的身影和足迹，更须让我们的步伐充满新的时代精神。这是商务人代代相传的事业，更是与国家和民族的命运始终紧密相连的事业。我们责无旁贷，必须做好我们这代人的传承与创造，让我们的努力和成果不仅凝聚成民族文化的记忆，还能成为后来人可以接续的事业。唯此，才能不负前贤，无愧来者。

商务印书馆编辑部

2017年10月

译 者 前 言

由于历史的原因，我国人文地理学的发展相对滞后于世界水平。为了改变这种落后状况，急需全面了解国际上人文地理学的新进展。但迄今的介绍或者较为陈旧，或者很不系统、很不全面，甚至断章取义、以偏概全，不能适应我国人文地理学发展的需要。因此，很有必要及时地翻译介绍一些系统、权威且简明的有关学术著作，本书及其姊妹篇《地理学与地理学家——1945 年以来的英美人文地理学》正是这样的著作。作者约翰斯顿（R. J. Johnston）写作本书时是英国谢菲尔德（Sheffield）大学地理学教授，现在是英国布里斯托尔（Bristol）大学地理科学院教授，曾任英国皇家地理学会主席，是国际著名的人文地理学者，他极其丰富的著作在国际地理学界有很大影响。本书及其姊妹篇是他有关英美人文地理学的两本评论性专著，皆被认为是“杰出的学术著作”，“有关论题的标准教科书”。为此，我们将本书译成中文介绍给我国学术界。

商务印书馆历来重视移译世界各国学术名著，近年来又陆续出版了若干介绍当代国外地理学理论的著作，几能蔚为大观，本书中文版的出版又将锦上添花。由此，我国地理学界大大受惠于商务印书馆在促进我国地理学发展中的特殊贡献，这在出版界可谓一枝独秀。特别是在向社会主义市场经济转轨的大潮中，商务印书馆并非唯经济效益是瞻，而是更多地注重社会效益，可歌可赞。此外，还要特别感谢地理编辑室的李平主任，正是他对国内外地理学进展的深切把握，才使得本书中文版的出版选题列入计划。

本书序言、第一章、第二章、第三章由蔡运龙翻译，第四章、第五章由江涛翻译，全书由蔡运龙校订。其中马克思语录的翻译参考了人民出版社 1972 年的《马克思恩格斯选集》。本书涉及的学术领域广泛，论题又颇为抽象，而译者水平有限，译文难免有缺点乃至错误，祈望读者指正。

蔡运龙

1999 年 3 月于京郊燕北园

目　录

序　言

人文地理学通常因其多样的热烈争论而引人瞩目。这些争论并非仅集中于人文地理学的主题上，而是更多地集中在人文地理学的哲学上，即其主题的倾向上，最近几十年来尤其如此。人文地理学者们由于涉足自然科学尤其是社会科学而正面临着哲学领域内的争辩。“人文地理学研究的目标是什么?”“如何才能达到这些目标?”“考虑到证据的性质，对这些目标的追求意味着什么?”诸如此类的问题正在动摇着(传统)地理学研究的基础。人文地理学者们再也不能以做出一副“纯事实”表述者的姿态而置身于此类问题之外了，批评家们认为纯事实是不存在的。

本书是前一本追溯 1945 年以来人文地理学中关于哲学和方法论问题之争论的著作的姊妹篇。在《地理学与地理学家——1945 年以来的英美人文地理学》(Johnston，1979 and 1983a)[①]中，我曾经说明这些争论如何掩盖了实证哲学对经验哲学的取代，以及前者的观点如何又受到持人本主义和结构主义见解的人物的挑战。本书的目的是考察人文地理学在当代的多元化，而不是引申各种哲学的细节。这里的任务是补充介绍各种哲学的性质，也稍

① 为便于读者查阅参考文献，本书中文献出处一律保持原文。——译者

稍涉及关于每一种哲学的关联性和合理性的争论。

前一本关于人文地理学“当代史”的书的序言曾指出：人文地理学的学生需要对他们的学科内容为何如其然有所认识，并需要一个能使他们自己的见解在其中得到发展的框架。对本书来说，序言也作如是观。在一门具有各种哲学竞争之特征的学科中，应当对学生们介绍这些哲学，陈述它们的基本原理和它们与人文地理学的关联。这种介绍可以用多种方式进行，这里所选择的方式可能是最简单的。概论这一章认为，三种对抗的哲学（这里称之为思潮，因为每一种哲学都包含了多种有关的观点）支配着当代人文地理学。下面三章中的每一章介绍这些思潮中之一种，并勾勒出其基本特征及在人文地理学中的作用。最后一章试图把这些思潮联系起来。

本书作为社会科学之哲学的概述是非常初级的读物，仅作初步的陈述。它并不追求任何论题的深入，当然也不提供对任何哲学的详细解释，那样做会使读者对有关的思潮感到学究气十足而不得要领。关于这些哲学的文献浩如烟海，其中有很多（包括某些专为地理学者而写的）过于深奥，特别对于初学者来说难于读懂。这里试图做到的仅仅是介绍人文地理学者们正在探究的各种哲学的性质，任何希望追求深度的学生理当读更多的书。这里的很多讨论都依赖第二手资料，所以呈现在本书中的内容已经过若干透镜的折射，其内涵很可能有所失真。之所以采取这种途径的主要正当理由是：虽然第二手资料本身与原始内容有所分离，但从初始材料入手一般说来是太烦琐了，而且常常很困难。对于一本入门书，应要求简单明晰；对某种哲学的进一步研究，则还必须进一步深入地探寻细节和内部争论。

作为一本指导人文地理学者的入门书，本书并不打算涉及所有的哲学流派；对涉及的流派，在说明的详略上也并非一视同仁。在三个主要章节（第二至第四章）的每一章中，决定介绍详略的一般标准是当前人文地理学中对每种哲学的应用程度。例如，在人本主义思潮这一章里，对存在主义的介绍就少于对理念论和现象学的，因为存在主义并不代表地理学文献中的实质部分。这样的选择无疑反映了某些个人偏见，但无意规定也无意略述哪一种哲学对地理学者更好，或特定哲学的哪一部分更好（虽然第五章的某些讨论涉及我把各种思潮综合起来的企图）。我希望已提供了足够的详情来指明每一种思潮的性质及其与人文地理学的关系，足够到能激励有兴趣的读者去深入研究这一课题。

跟其姊妹篇一样，本书的部分基础是给大学毕业班学生所上的关于当代人文地理学之历史和哲学课程的材料。既然如此，当然假设读者有关于人文地理学实质内容的某些知识，对人文地理学文献比较熟悉，在这里所讨论的某些思潮领域中具有一定的（或许是不自觉地）工作经验。本书试图为读者阐明三种思潮的主要特征，为理解人文地理学中当前的哲学争论提供一个基础，为深入探究提供一个出发点，并提供一些材料使读者们能自己决定哪种哲学思潮适合作为人文地理学的基础。

本书成书过程中，我得益于若干友人。我的出版商鼓励我写作本书，这使我比以前读了更多的文献，对很多事情的思考也更为成熟，这种工作无疑已使我受益匪浅。在我的同人中，艾伦·海（Alan Hay）一直是一个有益讨论和争辩的稳定中心，我对他持续不断的思想合作不胜感激。马尔科姆·刘易斯(Malcolm Lewis)通读了全部手稿,并提出了很多有用的建议,这些建议都非常贴切,基本上都采纳了。我的妻子丽塔(Rita)也仔细阅读了手稿,并指出了很多我未曾表达清楚的地方,我希望我已加以改善。最后,我要再次感谢琼·邓恩(Joan Dunn),是她卓有成效地将手稿打印成正式文本。

第二版序言

当1985年初有人建议本书应在1986年再次重印时，我决定趁此机会准备新的版本。此举有三个理由。首先，已发现在第一版中有很多误传和不适当的陈述，需要更正；其次，我对本书的第五章不甚满意，希望重写；第三，本书写成后的四年（即1982—1985年）来，又出现了很多重要的著作，它们对于人文地理学者们所采用的那些概述于此的思潮，以及由此扩展开来的相关价值之争论，又作了进一步的澄清，计划在1986年出版的书应该对此加以考虑。目前这个版本是在1985年11月完成的。

有些人曾经与我争辩：本书主要的三章所表达的极端观点是陈旧的。据称大多数地理学者已经承认人本主义和结构主义批判的力量胜于实证主义，并相应地修正了他们的工作实践。我被告知，人文地理学者作为主体已占据了中心地位，对此已有共识而无争议，这就承认了结构主义机制的存在，这就承认了人文动因的重要性，这就要求严谨地分析人文动因如何在这些机制的关联域内创造世界。对此我确信不疑。然而，即使上述观点是正确的，也需要认识那种中心地位的起源，需要分别从争论所涉及的各种思潮来达成共识。因此，有必要简略地介绍各种思潮，说明我们怎样走到这一步。

这个新版本的准备，得益于第一版的评论者们和许多其他向我写到和谈到它的人们，我衷心感谢他们非常有益的建设性评论。谢菲尔德大学给了我一学期的“研究”假，使我能从地理系的教学和行政事务中脱身出来；可是后来又决定要我在大学的核心规划（“规划”其实是“准备裁减”）机构中继续扮演一个角色，于是这期间的一半就几乎做不了“研究”。但无论如何，我总算还能挤出阅读和思考所需的时间。约翰·华莱士(John Wallace)总是鼓励和容忍一个热心于敲钟告示的作者的各种怪念头，琼·邓恩耐心而有效地打印了我的手稿，丽塔·约翰斯顿更是耐心有加，谨将本书作为一件小小的礼物表达我对他们的感谢。

第一章　人文地理学

在科学群体中，各学科都几乎无一例外地由其主题来界定，由 1
它们研究什么而不是怎样研究来界定。然而，学科之间的界线却很难清楚地划分，因为被研究着的现实世界是由相互关联的一个总体组成，而不是一些分离的部分。因而把知识分解为各种学科是人为的，而且在某种程度上是武断的，其目的在于把某些显然可研究的论题从其他论题中分离出来，尽管前者事实上并非独立于后者。当然，这样一种理想并非轻而易举。学科界线是相对可渗透的，这就为学科之间的联系做好了准备。当知识总量膨胀时这种联系也增长起来，而更加专门同时又更少独立性的学科就建立起来以研究特定论题。

从以上陈述中似乎可以推断，把知识分解为各种科学部门是逻辑决断的结果，并反映了有关学科的一致意愿。但事实远非如此。任一时代劳动的学科划分都是难以推翻的早期决定的结果。学科一旦建立，就不仅圈定了某种精神领地，而且学科本身也逐渐自我稳固；尤其是它又指导学生，把他们罗致进那个认识世界的特定观点中并又由他们来传播那个观点。因此，要改变这种劳动划分，要创造一种新学科结构的各种企图都必然要对已建立的正统观念发起挑战，这样的冲突会造成对个人地位的潜在威胁（见：

Taylor,1976)。某些挑战成功了,但并不是处处成功。所以在不同国家,甚至有时在同一国家,分派给各学科的论题会是不相同的。在某些情形中,成功的挑战反映出某些能在其周围建立新学术中心的特殊人物的努力,但或许损害了一门或多门现存学科。

一门学科之所以得以存在,是因为传播这门学科的那些人能表现出潜在的鼓动能力,以保证其主题内容值得研究,其研究手段卓有成效(Taylor,1985b)。因此,从最广泛的意义上说,任一门学科都必须证实其功利作用。学科一旦建立,其功利作用在某种程度上将会自行产生。这门学科将需要持续不断地补充研究人员以
2 提供新知识,例如需要补充训练有素的教师队伍来引导下一代学生。若不能维持资助者的支持就会导致学科的衰落,或许要付出被某一扩张“侵略者”吞食的代价。这种情况也会自行产生,因为学生越少,所需教师越少,而对学科功利效用的怀疑可能意味着对其研究需求的减少。于是一门学科的固定成员发现有必要促进该学科,当应变能力不足而且衰落的苗头显现时,这种促进活动尤其强烈(Johnston,1985a)。

一门学科虽然在很大程度上是根据它研究什么来贩卖自己,但它还必须发展关于其倾向的某种哲学,即它应如何去研究其特定主题?为什么?对某些学科而言,可能认为这是一个毫不相干的问题,认为只能有一种哲学。但对其他一些学科而言就不是这样了,关于哲学问题可能会有引人瞩目的争论。在某种程度上这仍然是围绕着功利的一些问题:哪一种哲学最适合资助者的胃口?并非所有的学者都赞同以下观点:他们必须让他们的学科迎合日益由政府来扮演的资助者。某些人声称,对于什么有价值什么无

价值，他们有更加正确的解释；并且在说服资助者和作为一个整体的社会这两方面相信这一解释的正确性时，竭力表明他们的作用。因此，在一门学科内就很容易存在关于其品行的激烈争吵，争论可能不仅集中在“应该做什么”上，还集中在学科“应该为谁服务”上。

以上段落指出，科学世界由一系列学科组成，每一学科在知识大厦中占据一个房间(但也允许从相邻房间中透进一定的亮光)。这个房间的特性是围绕着特定的兴趣中心——学科主题——而塑造的，并在不断进行着再塑造。房间内对于如何研究那个主题以及研究到什么程度，可能会有激烈的争论。人文地理学就占据着一个这样的房间，目前正经历着重要的哲学争论。本书将概述各种哲学派别的性质，概述它们作为人文地理学研究之有效途径的主张，以及它们对作为一种知识贮备的这门学科的发展所作的贡献，从而力图对这些争论的基础提供概略介绍。

人文地理学的论题要旨

当地理学作为一门独立学科在19世纪传播开以来，它就具有关于空间和地方这双重兴趣中心。(其简史可见：James and Martin，1981。)在地球表面(大多数地理学者关注的是大陆表面)的任
何地方都存在着垂直的和水平的两种关系：垂直关系把同一个地 3
方的不同因素联结起来，而水平关系则把不同地方的各种因素联结起来。这两种关系的相对重要性随时代变化而有所不同，最近几十年中地理学者们越来越关注水平关系(Cox，1976)。然而很

多地理学者或许会强调，正是这双重的关注，甚而至于这两种关系的结合，才为地理学提供了独特性和完整性(见：Haggett，1980)。

在这一学术范围内，人文地理学者只研究某些关系，而把另一些关系留给自然地理学者。在垂直课题方面，人文地理学者们研究人与环境(有些人认为天然环境和人为环境是不能分开的)的相互关系。在水平课题方面，他们研究地方之间的相互关系，把重点放在遍布地球表面的人类创造物和人类本身的流动上。整体的或综合的课题则把这两方面糅在一起，强调组成一特定地方的各种相互关系的总体。(地方的规模或尺度影响着这个总体的性质。在某些尺度上一定的关系是垂直的，在另一些尺度上它们却是水平的；在一种尺度是垂直关系的区内贸易，在另一种尺度上则可能表现为水平关系的区间贸易。)

在很多国家，地理学史作为一门学术科目的历史，都有一种把自然地理学和人文地理学的研究结合在一起的悠久而连续的传统。在垂直的和水平的两个标题下，都可以把自然地理研究或人文地理研究分开来处理。但是某些地理学者宣称：只有通过把二者综合起来，才能保持地理学的完整性。这一传统的力量在某些国家，尤其在英国及其前殖民地国家比在另一些国家更为强大，例如在瑞典和荷兰，这两者几乎完全是分离的。介于这两种情形的其他国家，特别是美国，过去两者的联系较为薄弱，但现在也出现了走向综合的强烈倾向。本书所采取的立场更倾向于分离主义的观点，重点也仅限于人文地理学的各种思潮。这并不否认许多对人文地理学来说有价值的方面，尤其是在方法论和技术方面，都是由于人文地理学者和自然地理学者们的紧密合作而产生的；例如，他们在数据获取、分析和展示的方法上分享心得。同时也没有否认地理学通过促进人文和自然两方面研究而成为一门教育性学科(特别是在学校中)的价值。但本书中讨论的思潮中只有一种(实证主义)涉及两方面(正如我在 Johnston,1986a 中所强调的),而且在其应用中很少有证据显示它进行了人文和自然两方面的综合研究。当然,正如库克曾经指出(Cooke,1985a)和论证(1985b)过的:自然地理学者曾经作了许多关于人类活动对地表过程和景观 4
影响的研究(完整的评论可见:Gregory,1985),而人文地理学者同样曾经将注意力集中在自然环境这种被人们和社会利用,甚至滥用的资源上(见:Rees,1985)。但没有证据显示其中任何一项工作综合了人文地理学和自然地理学两方面(Johnston,1983d)。实际上,综合派学者的呼吁似乎是基于不同的语义。地理这个词具有两个主要含义:一个是口语化的,指的是环境;而另一个是学术性的,指的是对环境的研究。因而自然地理既意味着自然环境,也意味着对自然环境的研究。那些呼吁自然地理学应该综合人文地理学的人需要论证下列观点:(a)人文地理学者应该研究自然环境,或者(b)自然地理学者应该在其研究议程中加进人文环境的内容。对我来讲,两者都是不可接受的,因为两者都意味着这两大地理学派的消逝——这是一项我认为在哲学上不可行的工作(Johnston,1986b)。

所以,人文地理学在这里是当作一门社会科学,它研究与空间和地方有关的那些社会的特殊方面(包括自然环境)。这里无意为这个定义辩护,也不想讨论各种社会科学之间的相互关系和关于劳动的学科分工问题(甚至也不想讨论是否存在这种分工)。人文地理学是确实存在的，这里关注的是：它干什么？它如何去干？因此主要应关心社会科学的哲学问题，以及它对人文地理学的解释和人文地理学为它提供的解释。

人文地理学的哲学基础

一个学术部门的任何参与者，都在由那个学科的某种哲学所提供的框架内从事研究。这样的哲学可能是明确的，研究者在开始工作以前就已建立了某些准则；这种哲学也可能是含蓄的，存在一些准则，但并没有公认它们，然而它们形成研究者们日常世界的当然部分。在哲学明确的情况里，这一哲学几乎肯定也为其他研究者共享。但在哲学含蓄时，风格则可能大异其趣，尤其是在社会科学中。

哲学一词出自希腊文，意为“热爱智慧”，这是一个即使哲学家也不容易定义的术语。哲学是一门思考的学科，包括对推理和争辩方法的思考。作为一门学科或一系列学科的哲学，涉及研究学科界线内（即如前文指出的，通常由主题来界定）工作用以进行的
5 方法途径。这样一种哲学的核心基础是它的*认识论*或它的关于知识的理论，它提供诸如“我们能知道什么？”和“我们怎样才能知道它？”这类基本问题的答案。认识论包括知识的四个方面：它的性质——一个人所相信的是什么；它的类型——诸如自己体验的知识和别人描述的知识（即第一手知识和第二手知识）；它的客体——知识主题所反映的事实；以及它的起源。在哲学框架内与认识论联系在一起的是*本体论*，即关于存在的理论或关于什么可

知的理论。在形而上学——即关于超越于实际问题的世界之性质的争论——中，本体论的理论限定着“什么可能存在”(例如像在宗教中那样)。然而在作为学术学科的哲学中，它与“接受什么为‘事实’”有关。

因此，每一种学科的哲学都既包含某种认识论又包含某种本体论——一个限定着“我们能认识什么”和“我们怎样才能最终认识它”的框架。它们一起被用来限定某种方法论，一套指示研究和争论将如何在学科内进行的规则和程序：即如何才能将信息收集并组织起来。方法论的应用使某一学科的知识积累得以聚合起来，工作的结果旨在理解某一特定论题，因为这些结果是在作为相应哲学之一部分的认识论和本体论范围内取得的，所以被认为是正确的。

若干世纪以来，多种哲学已被提供出来。其中有很多种只不过是其他哲学的变种，所以可归为几类。对人文地理学而言，有关的有这样四类：

1. 经验主义思潮　其认识论是：我们通过经验来认识；其本体论是：我们所经验的事物就是存在的事物；其方法论直接要求提出所经验过的事实。

2. 实证主义思潮　其认识论也是：知识是通过经验取得的，但要求这个经验要作为一致认可的可证实证据而稳固地确立；其本体论就是一种认可的证据；其方法论就是一种对事实陈述的证实。

3. 人本主义思潮　其认识论是：知识是在一种由个人创造的意识世界中主观地获取的；其本体论是：存在的东西只是人们感觉存在的东西；其方法论包括研究那些个人世界，而且与实证主义方法相反，强调个别性和主观性而不是重复性和真理。

4. 结构主义思潮　其认识论是：现象（即被领悟了的）世界并不一定揭示机制世界（它使现象世界得以产生）；为了研究后者就
6 需要一种本体论，它认为实际存在的东西（即创造世界的力量，或结构）不可能直接观察到，而只有通过思索才行；其方法论涉及理论建构，这些理论可以解释所观察到的东西，但其真实性是不可检验的，因为得不到它们存在的直接证据。

本书中头两种思潮被归结在同一章中（论实证主义思潮的这一章），因为实证主义是建立在经验主义基础之上的。经过一场发源于北美的轰轰烈烈的推广运动后，实证主义思潮在60年代英美人文地理学科研工作中占据了主导地位。从那时以来，人本主义和结构主义思潮最初是作为对实证主义的批判而引入地理学的，后来逐渐成为独立的研究学派而为知识领域作出其独特的贡献。因此，这三种思潮成为本书三个中心章节的主题。在实证主义思潮一章中包括了对经验主义的一些讨论，但主要是为了澄清一些关于数量方法等同于实证主义的学科内部争论。

在有关这三种思潮的许多讨论中，传统上把实证主义与**科学**联系起来，因而其方法论被称为**科学方法**。言外之意，其他两种思潮就是非科学的。本书中没有采用这种划分方法。科学是使知识系统化和形式化的事业，它并不局限于某一特定的认识论；人本主义和结构主义思潮同实证主义一样是系统的（和严密的），只是由于它们认识论的不同而采用了不同的方法论。而且，绝大多数被许多人认同的“科学方法”——例如严密的数据收集和评价——并非是实证主义思潮所独有的（Johnston，1986b）。因此本书中提供的是三种人文地理科学，而不是一种科学和两种非科学或反科学。首先对人文地理学的发展过程提供一个简单介绍，作为以后讨论的背景。

人文地理学的发展

既然学科由它们研究什么来界定，并且大多数关注于与经验性事实有关的那些特定论题，所以毫不足怪，大多数学科都是随着经验主义的实践而产生的。（虽然“事实”的定义隐含着一种初级的认识论，但仍是含蓄和含糊的。）人文地理学亦不例外，它在19世纪晚期和20世纪早期的大部分发展都建立在地方材料的收集和整理上，这些材料被认为是极其有用的，尤其对于那时的资本主 7
义世界经济增长和殖民扩张。在为需要信息用于贸易活动的主要殖民势力效劳时，地理学当然迅速地发展起来。与此密切相关的是为获取新材料而进行的远征，以及将这些材料作百科全书式的描述——某些情况里以通常所说的商业地理学书本的形式。随着这种事实的收集，通过教育制度把它们传播开来的运动出现了，在中、小学和大学里设置了课程来拓宽普通公民的视野并扩展他们的实际知识（Freeman，1961，1980）。

因此，人文地理学（作为一门普通学科的一部分而没有与自然地理学完全分开）在开始时参与填充空白地图上的细部，其实是绘制地图本身。它整个是经验主义的，收集信息并将其表示为事实。它的特殊方法论涉及资料的制图学表示法。

由于事实的收集涉及地球表面的自然环境和人类活动两方

面，人文地理学内两个分离的学派发轫了。第一派就是广为人知的**环境决定论**，它牵涉到两方面信息的相互关系（以一种非常一般的，常常是文字的方法），为的是显示一个方面（自然环境）是另一个方面（人类活动的空间分布和性质）的原因：各地方在自然条件上不一样，这些差别决定了那里人们的所作所为。这种哲学有一种与实证主义近似的认识论，但对其陈述的证实却无固定指标，也没有明晰的方法论：这是一种对其假设不作科学评价的推测，很快就信誉扫地了。

另一派是**区域论**，也发端于经验主义传统中收集资料的意图，并且在某种程度上也是对环境决定论之过分的一种反动。地图的对照显示出某些现象的分布是重叠的，产生出地球表面的各种地方——区域。每一地方都有各种现象的特殊组合并造成独特的个性。对某些人（最显著的是那些受保罗·维达尔·德·拉·布拉什〈Paul Vidal de la Blache〉的工作激励的法国地理学者）来说，每一地方都有其自己的个性，只有在实地才能经验和鉴别它。方法论涉及野外资料和其他资料的收集和以制图形式来表示，以便显示出每一地方的个性和各种特点。地理学者的任务就是鉴别不同的地方——区域，并确定它们的边界。这基本上也是一种经验主义方法，因为它收集和提供地方间差异之证据的各种事实，这一课题就是后来众所周知的区域分异（Hartshorne，1939）。当付诸实践时，这种区域论框架中的大部分工作都具有一种环境决定论的
8 风骨贯穿其中。区域地理学者们几乎是千篇一律地首先描述有关自然环境的事实，然后描述人类活动的事实，暗示着两者间密切的因果联系。在某些人看来，区域可以跟某种有机体相比较，都是其

内的总体大于部分之和的事物，而且在有系统的研究中使用过有机体类比方法，例如拉采尔（Ratzel）的政治地理学（见：Stoddart，1966）。

区域论方法的发展要求越来越多的信息，为了提供这些信息，地理就分为两种主要途径：系统途径和区域途径。前者只涉及特殊论题的研究：分为自然论题和人文论题，各论题又再细分（自然论题细分为地貌学、气候学、生物地理学等；人文论题细分为经济地理学、社会地理学等）。对于有关信息的条理化，这种专门的系统方法被看作是必要的，大多数地理学者都希望专注于一种这样的专门学科。但是对于区域地理学，对于把所有专门学科的材料综合为一个区域"整体"，系统研究注定是辅助性的；同时，作为一个论题专家，每一个地理学者也都希望发展关于世界之某一特别部分的专长。

根据这样一种盛行于50年代的地理学观点，系统研究是从属于区域综合的，所以坚持认为综合的目标是地理学完整性的核心。这样的结果不鼓励地理学者们把他们的系统研究发展到使区域论的目标相形见绌的程度。例如在美国地貌学研究就受到阻碍，严格说来只是地质学的一部分，而只有"地形地理学"的研究才被看作是区域地理学的必要成分。

尽管有由学科领袖们设置的这些限制，系统论题研究的相对重要性仍然增长起来，并且越来越被看成是有实质性价值的结果（Johnston and Gregory，1984）。而区域地理学就相应地失去信誉（Freeman，1980；Gould，1979）。

系统研究的扩展自然导致地理学者和相关学科学者之间的更

紧密的接触。地理学者们保持着他们关于空间和地方的眼光，许多地理学者仍然只研究特定地方，但目的并不在区域综合。然而这些接触使得地理学者们了解了其他学科的哲学，很多人还企图把这些哲学或其原理引进他们自己的主题中。正是通过这种途径，人文地理学和自然地理学之间的分裂在最近几十年变得更为显著，而实证主义、人本主义和结构主义的思潮（特别是后两者）被介绍到人文地理学中。

人文地理学的分支

9 本书的目的不是追溯相关思潮在人文地理学中的引入、接受和发展，也不是考察各国在这些过程中的差别（前者请见：Johnston，1983a；后者见：Johnston and Claval，1983）。重点理所当然地应该放在当代人文地理学的系统研究上（当然这种系统研究是在特定空间和地方的关联域内），放在其中的水平相互关系而不是垂直相互关系上。这里的兴趣中心是摆在人文地理学研究面前并为某些研究者所采纳了的哲学。然而，为了揭示这些哲学如何在人文地理学中得以应用，有必要大致概述一下人文地理学的实质性兴趣。

为此，要把人文地理学分为四个主要的类别，以使绝大部分研究工作相对易于与这些类别相符合。主要的两类也是最大的两类，都可再分为若干不同的次级类别。**经济地理学**研究财货和服务设施的生产和分布，其传统的次级类别有工业地理学、农业地理学、交通运输地理学，它们的标题就清楚地指明了各自研究的论题实质：例如描述和解释不同工业和农业活动的空间分布。**社会地理学**更多地涉及财货物和服务设施的消费，涉及工作世界以外的社会生活的性质。它的次级类别包括文化地理学（这个学科在北美特别盛行，研究文化群体与环境间的相互关系，研究文化特质的传播）、人口地理学、城市地理学和乡村地理学（最后的这个分支并没有得到特别充分的发展）。第三个主要类别是**政治地理学**，其论题本身也清楚地对它下了定义。政治地理学及其分支选举地理学直到最近几年才相对发展起来。最后一个主要类别是**历史地理学**，该论题显然确定了从事者的实质性兴趣：他们不是关注历史时代的经济或社会或政治地理，就是关注整个历史时期的地理变化，或者两方面都关注。很多历史地理研究至少是不自觉地受达尔文进化思想的影响（Stoddart，1966）。

虽然如上所述，能够容易地将大部分研究工作都划归这些类别和次级类别中的某一种，但仍然存在一些重叠和难断的地方。例如在城市地理学中，居住模式即“谁住在何地”的研究显然属于社会地理学，但中心地即城区内的购物中心和购物机会模式以及它们在整个一系列城市地方的应用的研究，却混合着经济地理学者和社会地理家的观点。然而大多数人文地理家都把自己与这些类别中的一个联系起来，甚至与次级类别中的一个联系起来，可是 10
其边界是可渗透的，并且存在很多相互连接之处。

正如更大学科门类世界的情况一样，人文地理学内也有打破现存分支的各种企图。其中一些寻求把各种论题研究的领域更紧密地结合起来，例如，认为经济和社会问题不可能从其政治和历史背景中分割开。于是就出现了诸如福利地理学（Smith，1977）的争论和更强调发展研究的争论，两者都企图使整个人文地理学围绕一特定中心综合起来，而不希望它分裂为被看成是武断分类的分科，因为这种分科的存在可能阻碍认识。正如将在第四章中详述的那样，反对这种分科的最有力论点是由那些结构主义思潮的拥护者提出的，他们为总体人文地理学所作的论辩与为社会科学的总体方法所作的论辩在性质上是有密切联系的。

小　　结

当代人文地理学具有分化为论题类型及其次级类型的特点，每类论题分析特定的社会基本因素——如农业、工业和住房——的空间相互关系和地方相互关系。这些系统研究掩盖了早期地理学区域综合关注的残余，但是仍有很多地理学者把他们的研究兴趣限制在地球表面的特定区域上，不过现在很少企图提供这些区域的综合调查分析了。这样，人文地理学就成了一些分支学科，虽然各分支不必因为各自关注的论题不同而互相冲突（除非财力不足以支持研究和有关活动）。

人文地理学研究不过是最近才从其经验主义渊源中产生的，经验主义的认识论、本体论和方法论都以“事实”的收集、条理化和表达为基础。最近几十年来，人文地理学中已引入了一些新的哲学，这里认同了主要的三种。现在，这些哲学都在起作用，以至于人文地理学不仅只根据所进行的研究之实质来划分，而且也根据所研究的哲学来划分。比之前一种划分，后一种划分所产生的冲突要多得多。以下三章概述三种思潮的特点，简要介绍关于它们的认识论、本体论和方法论的讨论，并指明它们如何对人文地理学的研究作出贡献。最后一章考察各种想把三种思潮结合起来的企图。

第二章　实证主义思潮

11 实证主义思潮涉及将经验加以概括，将与能从经验上认识的若干现象有关的某一特征做法则式陈述。因此，此类思潮是自然科学方法论和哲学核心的基础，它们在人文地理学中的应用反映了一种信念，即同样的目标也可在社会科学的基本方面得以实现。

很多人把实证主义的发端追溯到 19 世纪法国社会哲学家奥古斯特·孔德(Auguste Comte)那里(Lacey，1976，p. 165)。安德烈斯基(Andreski，1974，p. 9)认为："孔德信仰科学的至高无上"，虽然其实证主义思想的发展有时显得与众不同，但他认为科学方法是唯一的研究方法。对他来说，科学研究导致认识自然规律；在科学家的指导下，这种认识又使社会能改造自然。因此，

> 我们用以作用于周围物体的天然手段是极其虚弱的，与我们的需要极不相称。我们每次对自然施加的作用都是因为自然规律的知识使我们能够引入改造因素……以至于在某些场合按我们的利益改变了复杂原因的最后结果。简言之：科学＝预见，预见＝作用(Andreski，1974，p. 44)。

既然孔德相信科学方法可以应用于社会现象的研究，这就意

味着：首先，社会科学中可以发展自然规律；第二，这些自然规律提供了预见的基础，亦即预报的基础；第三，可通过操纵因果变量来修改对这些预报的认识，以改变社会的性质。

根据莱西（Lacey，1976，p. 165）的看法，孔德用实证主义来“表达事物的六个特征：实在，有用，确定，精确，有机，相对”。格雷戈里（Gregory，1978，p. 26，追随哈伯马斯〈Habermas，1972〉）只列举了五个：“实在，有用，精确，确定，相对”（有机被略去了）。根据这些特点，科学就是研究实在，研究经验上可观察的现象及现象间的相互关系，研究具有共同观察方法的确定手段，这样来使一切科学家以同样的方式所做的实验具有可重复性。这样一种共同的工 12
作方法——精确——就形成了科学方法的统一性，所以各门科学是由它们研究什么而不是怎样研究来确定。相应地指科学是一步步进行的，把科学地获得的新知识不断收编到已建立的理论中，由此扩展对世界的认识（有机特征可归于此，因为孔德认为“所概括、简化、抽象的现象越多，它们对其他现象的依赖就越少，与它们有关的知识就越准确，那种知识的协调就越完美”〈Andreski，1974，p. 59〉）。最后，有用的特征意指科学知识在社会工程中的核心作用：关于社会现象的自然规律知识使社会能够改善它的自我调节。

孔德的著作于1830—1854年间发表，从此就影响着社会科学研究的进程。但是实证主义思想的大发展（涉及大多数当代工作）是由本世纪20年代和30年代早期在维也纳大学工作的一群哲学家（他们中的大多数具有某种自然科学而不是社会科学背景）所促成的（Kraft，1953；Hanfling，1981）。他们的争论和陈述成为所谓逻辑实证主义（或逻辑经验主义）的中心内容。

逻辑实证主义者几乎完全接受了孔德的实证科学纲要系统。他们根据当今的实际来编纂这个系统，并把其注意力集中在如何进行科学研究才能导致稳固地建立普遍性上。他们极其关注证实和意义。这样

> 一个普通陈述的证实包括两个阶段，与“逻辑经验主义”的名称相符。这一陈述要由逻辑程序分析成“基本”陈述，然后正如经验主义所要求的那样，要与经验实实在在地联系起来（Hanfling，1981，p. 77）。

所以，任何陈述——一个命题——首先要以使它得到证实的方式加以分析和重写。然后这种可检验的陈述——假说——要与现实相对照，以建立其真实性。

实证科学和逻辑实证主义的基本原理

逻辑实证主义涉及一种以普遍陈述的形式获取知识的哲学，知识是关于可观察现象的，要通过已接受的程序获得；然后这样的陈述才可用来控制那些现象。这就体现了众所周知的科学方法或基特（Keat，1981，p. 17）所称的“实证主义的科学概念”；但正如前面已强调指出的，它并不是唯一的科学方法。这种哲学包含的内
13 容要多得多，因为基特（同上，p. 15 以下）鉴别出另外三种“学说，其中每种都不能无理地称作‘实证主义的’”，但它们所信奉的正是逻辑实证主义的核心。存在着：

1. 科学主义　声称实证主义方法是获得知识的唯一真实方法，非实证主义方法所产生的知识都是无意义的。除非按照这种科学方法来工作，否则一个人的所言既不贴切也无价值，因为它不是已证实的知识。

2. 科学政治学　认为实证主义为找到对一切问题的理性解决提供了方法，所以它也提供了社会工程的基础。

3. 价值自由　这种学说主张科学判断是客观的，关于命题真实性的决定要在独立于“特定道德或政治的承诺”的标准基础上作出(p. 18)。

所有这三种学说都认为“科学”与一切生活方式和研究形式都有关系，实证主义在地理学中的某些应用就表现出这些主张。(在地理学和其他场合)对实证主义的批评就部分地集中在这三种学说中的一种或多种上，也集中在科学方法或“实证主义的科学概念”之合理性上。必须认识此类批评的性质，但对现在的讨论而言，重点在于实证主义的科学概念，在于自然科学的哲学和方法论是否能有效地应用于人文地理学。

关于实证主义的文献浩如烟海，其中有很多只涉及皮毛，与这里所设想的概述不相干。对于人文地理学，实证主义纲领可分为四个基本原理(第一个涉及逻辑实证主义，其他三个涉及实证主义的科学概念)：第一，消除形而上学；第二，证实原理的中心地位；第三，实证科学的目标；第四，实证科学的结构。这四个原理是有联系的，但正如下面那样，应分开来处理。

消除形而上学

形而上学(字面上意为“物理学之上”)曾被定义为“从关于世界的真实问题或科学问题产生但又超脱于其上”的那些问题的研究(Lacey,1976,p.128)。于是,一个形而上学者就可定义成一个主张“超越现象世界的实在知识”的人(Ayer,1964,p.33)。

形而上学研究就是研究人的经验和信念,研究人所赋予事物
14 的含义;此类经验、信念和含义不能经受实证论分析。正如艾尔(Ayer,1964,p.41)所言:

> 一个形而上学的判断(是)……意在表达一个真实命题的判断,但在实际上是既不表达同义反复也不表达经验假设的判断。

(同义反复是一种本身为真的陈述,因为它以两种以上的方式说出同一件事情,大多数数学陈述就是同义反复。假设是一种尚未接受为真但其真假可通过诉诸证据来建立的陈述。)实证主义的科学概念消除了此类形而上学,而仅仅关注具有实际内容的经验假设:

> 每个经验假设都必须与某些实际的或可能的经验相关,所以与任何经验都不相干的陈述不是经验假设,当然也就没有真实内容(Ayer,1964,p.41)。

形而上学的消除使实证科学成为对经验上可知事物的研究,

并认为一切知识必须科学地获得。这可扩展为科学主义，扩展为如下陈述：

> 既然同义反复和经验假设构成全部有意义的命题，那么就证明我们认为一切形而上学主张都是无意义的结论是正确的（Ayer，1964，p. 41）。

（注意：这是艾尔 1936 年出版《语言、真理和逻辑》第一版时的立场。）但也不必把这点强调过分，人类存在的某些方面可以消除形而上学，但不是一切方面（见：Hay，1979）。

证实原理

既然已承认实证主义的科学概念是围绕经验假设——具有实际内容的命题——建立的，那么这种科学的一个重要特点必然是假设检验：这就是证实原理。科学的一切陈述都必须是真实的：

> 当且仅当任何特定个人知道如何证实一个判断意在表达的命题——也就是说当他知道什么样的观察可使他在一定条件下接受那个命题为真，或证明为假而否定它时，这个判断对他才是有实际意义的（Ayer，1964，p. 35）。

因此，一个真实的陈述必须是可证实的（当它正确时）或可证伪的（当它错误时）。只有当一个陈述被证实了，它对于科学研究才是有意义的（即它提供有用的知识）。

15 证实问题是逻辑实证主义维也纳学派的核心工作(Hanfling,1981)。如果说一个经验假设只要被证实或不被证伪就是可接受的,那就相对简单了;而证实问题远非如此。例如,对于涉及无穷系列事件的陈述,一个人能得到"完全的证实"吗?("所有的人终有一死"就常用作此类命题的一个例子。见:Hanfling,1981,p. 61。)在这种情况下,看来一个人只能论及不完全证实,即命题尚未被证伪。在另外的情况里,完全证实是可能的,因为命题并未涉及无穷数目的事件。例如"某些人是雪人"就只要求观察到两个雪人来证实。当然,完全证实有赖于事先对人和雪人的定义都取得一致意见。

所以,对于某些类型的命题,最后证实可能是办不到的。因此艾尔在《语言、真理和逻辑》第二版的绪论中区别出他所谓的弱证实和强证实:

> 当且仅当一个命题的真实性能在经验中最后确立时,才能说这个命题在很强的意义被证实了;但是如果经验只能反映这个命题的可能性,那么这个命题只是在微弱的意义上被证实(Ayer,1964,p. 9)。

根据这个观点,很多实证科学都是由弱证实的陈述构成的,由那些看来为真,但仍然是"继续受进一步的经验所检验的假设"(Ayer,1964,p. 9)的命题构成的。所以在一个人能认同"可被最后证实"的命题时,这些基本命题对于"个人经验的内容"是恒定的。然而,

> 绝大多数人们实际表达的命题既非本身就是基本陈述，也不可从任何有限的基本陈述系列中推断（Ayer，1964，p. 11）。

因此，虽然一个人可以肯定他对某一特定事件的解释（地方 X 的降雨是由于气旋经过上空引起的），但他不可能得到关于该命题所有例子（地方 X 上空经过的气旋总是产生降雨）的强证实结论。论及后者，实证主义科学家只有一种用概率表达的弱证实命题：结果的可能性。其目的是通过增加关于所考察现象的行为的已证实命题的数量，来强化证实。

所以实证主义的科学概念包括发展证实了的陈述。但人们认
识到，由于经验知识的局限（艾尔也承认“多数经验命题都有某种 16
程度的模糊性”，p. 12），完全的证实大概是不可能的，强证实也不总是立即能做到的。因此科学要靠累积。海（Hay，1979，p. 9）用稍微不同的措辞表达了这个意思：

> 要求地理学理论回答的问题，并不是“这个理论完整地解释了观察到的变化吗？”而是较简单的问题“这个理论部分解释了观察到的变化以使它不再模糊不清吗？”

（用现在所讨论的措辞，“理论”就是“命题”或“经验假设”。）

根据共通的观点，实证科学通过命题的证实来进行。然而，一位虽然不是维也纳学派的成员，但与该学派有关系的哲学家反对用证实原理来作为实证主义方法论的核心，他用证伪原理来取代

证实原理。波普尔(Popper)注意到,如果一个理论或一系列命题得到某些证据的支持,就可以继续接受它:

> 没有一种理论可望成为终极真理。我们能说的顶多是:它得到迄今所有观察的支持,并产生比任何已知替代理论更多且更准确的预测。它仍然有可能被更好的理论取代(Magee,1973,p. 29)。

但是,当现存理论正被证实时,为什么和如何产生那个更好的理论呢?波普尔的解释可依赖于完全证实问题:虽然一个命题不会得到最后证实,但它可以(而且必须)被最后证伪。用这种方式,波普尔主张人们通过如下途径把科学从伪科学中分离出来:

> 如果某人提出一个科学理论,他就应该像爱因斯坦那样回答这个问题:"在什么情况下我应承认我的理论站不住脚?"换言之,我应承认哪些可想象的事实驳斥或否证了我的理论?(Popper,1976,p. 41)

证伪会增加知识,因为它显示理论(命题)在何处失足;这是一项比其他证实部分更有价值的信息,因为它指出了知识中的空白和进一步研究的范围。这样,波普尔的科学方法(有时称批判理性主义)是通过设计批判性的试验以驳斥命题来进行的:如果一个命题未被证伪,那么试验就证实了它,但并未巩固其合理性。(见:Hay,1985a;Marshall,1985)

实证科学的目标

无论从证实途径或证伪途径入手，实证科学都要根据这一讨
论来寻求建立关于所考察现象的确实命题（经验假设）。正如在证
实原理的概述中指出的，这种确实性可针对特定的情况建立并且 17
形成一个基本命题，或者可以把它表达得更广义并形成一个其应
用不限于一组特定情况的普遍命题。（前者是有限命题，而后者是
无限命题。）实证科学的目标在于后者，这就囊括了前者；如果我们
能提供普遍解释，那么我们也能清楚地解释对所研究现象的特定
认识。

这个目标通常表达为寻求科学规律。因此，

> 科学的功能……就是建立普遍规律来概括所论科学关注的那些经验事件或客体的行为，从而使我们能将关于孤立的已知事件的知识联系起来，并对未知事件作出可靠预测（Braithwaite，1953，p. 1）。

根据布雷斯韦特（Braithwaite，1953，p. 12）的看法，规律就是：

> 在空间和时间上或多或少不受限制的范围内，对复杂的普遍性加以概括。

它是一种对与其相关之主题的唯一合理陈述，而“一门科学的基本目标就是建立此类规律”（p. 2）。借助这些规律就能对特定事件

作出解释(当然,也正是这些事件的存在激励了对某种规律的探寻,详见下文)。至于达到建立规律这一目标的方法论,则是本章下一节的主题(第 19—27 页)[①]。

实证科学的结构

根据以上所述,实证科学是一种获得关于世界的客观知识的手段,这些知识是独立于科学家的。为此,科学不仅必须要有一定目标,而且如上所述,还必须有一致的步骤。所以,穆尔凯(Mulkay,1975)认为科学家必须遵守以下规范:

1. **独创性**——科学家的目标是通过发现新的资料来推进知识。
2. **集体性**——一切知识都是共享的,但其出处都要得到充分的承认。
3. **无私性**——科学家感兴趣的是知识本身,他们得到的唯一回报是他们推进了认识而获得的满足。

18 4. **普遍性**——判断只能以科学为基础,不能是体现个人偏向的见解。

5. **有条理的怀疑态度**——知识要由建设性的批判来推进。

如果这些规范都得到满足,那么科学就以一种中立方式进行,没有片面性,没有自我追求,没有秘密或知识分子的偏见;在一切评价中都应用客观标准,科学家都是些谦卑的人物。

---

① 凡"第××页"皆指本书英文原版的页码,在本中文版中以边码标之。凡"p.×"皆指参考文献的页码。——译者

这就导致了穆尔凯(Mulkay,1979,pp. 19—20)所称谓的“标准科学观”:

> 自然世界被看作是实在的和客观的。它的特点不可能由其观察者的偏好或意图来决定。但是这些特点能够或多或少可靠地表达出来。科学是这样一种理智的事业,它关注于对发生在自然现象世界中的客体、过程和关系提供准确的说明……虽然自然世界在某种意义上进行着不断的变化和运动,但总存在基本的和固定的一致性。这些基本经验规则可表达为普遍而永恒的自然规律,这些自然规律告诉我们这种无时不在、无处不在的东西为何?无偏见的分散观察为建立这些规律提供证据。

科学研究就是在这样一种框架中进行的。进而论之,社会科学——根据某些人的意见,可服从同样实证主义方法的,也包括人文地理学——的概念意味着一种信念:这里所概述的一切既适用于所谓“人文世界”也适用于“自然世界”。本章其余部分将涉及有关争论的情况,并将在作为社会科学的人文地理学中寻求“普遍而永恒的规律”。(当然,这就回避了某些人关于人文地理学不是一门社会科学的争论。)

在这一点上,应强调这里所指的实证主义和逻辑实证主义之间的区别。实证主义是基特所称谓的实证主义科学概念的东西;它包括对概括性的严格探究和追求。它是逻辑实证主义的一部分,而且仅仅是一部分。逻辑实证主义则不仅提出特定的探究方式——科学方法，而且声称这是达到认识的唯一合理途径。除此而外的任何东西都是形而上学的，因而是非科学的（和无意义的）。因此逻辑实证主义包含科学主义、科学政治学和价值自由，也包含实证主义的科学概念。它是一种意识形态，也是哲学和方法论。实证主义通过严谨的步骤寻求概括性，逻辑实证主义则认为这是达到认识的唯一道路。

在社会科学领域内，实证主义是一个经常被（不仅仅被那些希望通过滥用其他词汇而成为实证主义者的人们）滥用的词汇。按照吉登斯（Giddens，1974）的说法，社会学中的“实证主义态度”包括下列三个假定：

1. 自然科学的方法步骤可以用于社会科学——本质是可以被
19 发现的（不管其主题是现象、事件或人类主观性的各方面）；

2. 在社会科学中，这些过程的产物可以用与自然科学同样的方式加以表述——目的是系统地表达规律或类似规律的普遍性；

3. 如此产生的知识是具有技术特征的，能够应用于实践性政策工作中。

（类似于普拉特〈Platt，1981〉提出的五个命题。）

然而需要注意的是，吉登斯着重强调：

> 很明显，接受这三个假设中的任何一个并不一定就导致接受其他两个（p. 4）。

因此，如果某人认为“所有社会科学没必要使用与自然科学同样的程序”，或“寻求规律不是社会科学必然的目标”，或“社会科学的知识不能应用于政策中”，那么此人的态度就不是完全赞同实证主义。该表述对于地理学中的实证主义的讨论是决定性的（参见下文，也同上文献 p.38）。

实证主义方法论

实证科学是建筑在证实原理上的。要知道某事物为真，就要知道并且接受证实该事物真实性的方法。（如果有某人说某事物为真，这一陈述之所以被接受，是因为影响该陈述的方法——即该命题如何得以证实——被接受。）因此，证实就意味着一种方法论。汉夫林（Hanfling，1981，p.24）（引用韦斯曼〈Waismann〉）的一段文字中指明了这一点，指出了方法论和认识论之间的联系：

> 认识一个命题就意味着知道该命题若为真的情况如何。所以人们可以认识这个命题而不必追究它是否为真。
>
> 若要明了一个命题的意义，人们必须弄清楚建立其真实性的步骤。如果一个人不知道其步骤，那么他就不可能认识这一命题。
>
> 一个命题的意义就是它得以证实的方法。

人们之所以接受一个命题为真，仅仅是因为人们接受建立其真实性的方法之合理性。因此，实证主义的科学概念必然体现一种认可了的方法论。

这一方法论具有形形色色的称呼，其中简单的称谓有“科学方法”，也有假设—演绎法。正如前文所述，其目标是发现规律，但并非如孤立陈述那样的简单规律。为了使规律具有科学意义上的真实含义，应将它们置于一种理论之中，该理论将它们安排于特定关联域内，把它们与其他规律联系起来，并为特定科学提供一种统一
20 性。因此，产生规律这一目标就成为产生理论这一更广泛目标的一部分。

根据实证主义观点，一种科学理论由一特定的演绎系统构成，该系统包括两组因素：一组初始命题（或假设），一组由于系统内规律（它们自身也是初始命题的部分）的作用而从初始命题中导出的演绎（或经验）命题（假说）。理论的发展包括演绎新命题。大多数科学哲学家把这个从假设，通过一条连续链到演绎命题，再到另一演绎命题乃至无穷的逻辑序列，比拟为一种演算（Braithwaite，1953）。

在诸如数学那样的抽象科学中，科学理论的演绎命题并未被赋予任何外部意义。其理论是自我包容的，由于数学的同义反复特征，得出的任何假说都可在该理论内部得到证实。然而对经验科学来说就不是这样了，在经验科学中假说与某些（预先定义的）现象有关。为了通过使演绎命题具体化而将理论扩展到初始命题中，演绎命题的合理性必须由某种认可了的方法论来证实。这就是假设—检验的方法论。

假设是一种经验命题，是一种在一定条件下会是什么的陈述；它是从已知（或预设）的东西中演绎出来的，是一种尝试性解释。如果它为真，那么它就是一条科学规律，这条科学规律在其规定的领域内（即它所应用的现象、条件等的范围内）解释了要研究的现

象。因此，

> 科学假设是一个关于某种类型的全部事物的普遍命题。它可由经验来检验，从这个意义上说它是一个经验命题；经验与该假设是否为真的问题有关，即与该假设是否是科学规律的问题有关（Braithwaite，1953，p.2）。

这就对经验科学产生了三个主要问题：现象的分类、假设的导出、假设检验步骤。

现象的分类

分类是一门经验实证科学的首要基本步骤，它对需要研究的那些概念加以限定。既然实证科学的目标是建立普遍性，那么显然就假设存在着一系列能够产生普遍性的现象类型；如果一切事物都是唯一的，就不可能产生普遍性，因为任一概念都没有两个样本。（在这个特定的关联域里有一个需要注意的重要区别：独特性〈uniqueness〉和唯一性〈singularity〉。独特性的概念意味着单个的经验样本，但并不是唯一一种因果反应过程产生了该样本。在
实验室排除其他影响因素的封闭环境之外，反应过程不是孤立地 21
进行，而是包含许多相互作用。有可能某一特定系列的相互作用——两个或更多规律共同作用——发生了一次，产生某一独特的结果，其本身是不可复制的。但该系列的相互作用能够再次发生并将产生同样的结果，因而后一结果就不是独特的；它是普遍规

律以某一特定方式相互作用的结果。相反，唯一性的概念否定了再发生的可能性，因而其规律也不是普遍的。科学的实证主义概念接受独特事件而不是唯一事件的经验可能性。）

大多数科学规律都表现为功能性规律（functional laws），在许多场合用于表述两个或更多现象类型之间的相互关系。但是在探究这些功能性规律之前，有必要对组成性规律（membership laws）加以定义，它是将各种现象归于与之相关的类别中（例如将植物归于不同的属和种）。乍看起来这似乎是一件简单的工作，但在实际经验中却是相当困难的，对任一现象或事件的分类都可能会有许多争论。（毛毛雨何时变成大雨？青年人何时变为成年人？）由于各类别没有内在的一致性，所以在拟定组成性规律时的错误会导致寻求功能性规律的失败；为了科学的进步，必须重新认识组成性规律。（某些组成性规律可能会建立在功能性规律之上——这种现象类别根据对一定外部刺激的反应来限定。）

实证科学是建立在组成性规律之上的，因此分类在其运作过程中是关键性的第一步。类似地，还有一些科学也是建立在分类之上的——正如舒纳德、芬彻和韦伯（Chouinard, Fincher and Webber, 1984）在他们对实证和实在社会科学经验研究的比较时所指明的那样。

假设的导出

在诸如数学那样的抽象科学中，假设是通过逻辑推理过程从应认可为规律的先验假定中导出的。这种逻辑推理将是“给定 X，则有 Y”的形式，Y 的真实性可通过已认可的数学推导步骤建立。(这就产生了 QED——quod erat demonstrandum〈证毕〉这一首字母缩略词。)在经验科学中，过程则是选取一组给定条件(已知规律)，从中演绎出潜在的新功能性规律并作为一个假设提出来，然后可用试验来检验这一假设的真实性(或用设计来证明其为伪的批判性试验予以否定)。

但是对于很少建立规律的经验科学将如何呢？尤其是当规律 22
与正研究的特定主题不相干时。在这种情况里，演绎步骤常常是相对贫乏的，产生不了多少可检验的经验假设。这样，科学家就被迫去推究较少确定性的领域，去作出较少实质性基础的假设，或许要用类比或隐喻来推进他对特定论题的潜在认识(Harrison and Livingstone，1982)。

在这种情况下，经验科学家的两个主要信息来源是个人经验(或许再加上关于别人经验的报告)和关于其他科学试验结果的读物。关于前者，感知经验大概是某些科学中促进工作的主要因素。科学家在其工作过程中或其日常生活中观察某些现象，他(若别无他求就是被其天然好奇心)驱使去推究这些现象，他寻求规律来说明它们的存在，他可以积累证据来支持他的推究。

这种通过积累证据来产生规律的过程遭到实证主义科学家们的批判。它不是从一般着手达到特殊——从命题到试验——如果正确再回到一般(规律)；而是从特殊着手，不经任何批判性试验的干预就达到一般。这就是**归纳**问题(或归纳推理)，其中前提被表示为其结论的逻辑后果，而不是相反(Braithwaite，1953，p. 258)。按照莱西(Lacey，1976，p. 94)的看法，归纳是：

> 任何从关于一定类型的某些事物的前提得出关于那一类型的另一些或全部剩余事物的结论的推理过程。

这作为一种推理形式是站不住脚的，因为实际观察到的事物“样本”可能会有很强的倾向性（正如莱西所言，“n越小，论据将越薄弱”，p. 94），还因为对于一定推论与一定前提条件关联的观察并不能体现那些条件与那些推论无关联的情形。（批判理性主义——p. 16——提供了一种避免这种归纳问题的途径：Marshall，1985。）

所以，归纳可能是假设的来源，但不是普遍性和规律的来源。（然而由于不完全证实问题——见15页——很多实证科学也包括归纳成分。由于很多现象群体虽非无穷但肯定量大，假设的证实又仅仅由可能有倾向性的样本得出：也就是说如果那些样本是经验性的，且对其他方面的规律来说处于未受控制的特定关联域而不是封闭的实验室试验，所得出的普遍性相应地就是微弱的。）为了具有普遍性，必须根据已认可的步骤对假设作适当检验。然而
23 毫无疑问，归纳能极大地激励科学进步，尤其是当它涉及把观察置于已认可理论之特定关联域内的科学家时。

经验科学中的一切工作都从世界的映像开始。这些映像可以全部从现存理论中产生，也可以从（相对无结构的，即不在假设检验的特定关联域的）经验观察、对其他科学发现的思考以及已认可理论的某种结合中得出。如果科学家要发现规律并扩展为有效的理论，就必须从它们当中演绎出假设并陈述为可检验的命题。

一种常用来发展假设的手段是**模型**，它提供映像的规范构造。

科学家们(其中地理学者并非最不重要:Chorley and Haggett,1967,Chapter 1)以各种各样的方式利用过模型这一术语。但在这里所指的意义上,当科学家相信它被构造成时,模型是世界的某一部分的表现。这一表现所包含的不是一系列相对无序的观察,而是一幅规范的“图画”,一幅从中可导出某种假设的图画。于是这就成为导出假设的一种辅助手段。模型可以是各种观察的规范有序化,或可能是某种理论的部分表现。不论模型的出处如何,其目的都是深化描述和检验假设。

假设检验

实证科学方法论中最富批判性的阶段大概要算假设检验了。在这里,各种命题将被置于经验资料面前。

经验假设可以采取若干形式,包括:

1. 若有 A 则有 B——如果事件 A 发生,则事件 B 将随之发生。

2. B=f(A)——事件 B 的量在一定场所是事件 A 的量在那一场所的一个函数。

3. 若非 A 则非 B——如果事件 A 不发生,则事件 B 也不会发生。

4. 若有 A 则非 B——如果事件 A 发生,则事件 B 将不发生。

这些显然都可以在经验证据面前得以检验。例如,对于假设 1,可以调查事件 A 的发生来看事件 B 是否随之发生;若没有,则该假设就被否证。这种步骤看起来非常直截了当,但有两个主要问题。

第一个问题与前文讨论过的完全证实问题有关。如果假设的关联域不是有限的，那么就绝不可能稳固地确立它的正确性，而仅仅是它是否被可得资料确证的问题。这个（潜在）无穷检验的问题与（很多）假设的普遍内容有关，虽然不是如此绝对。在很多工作
24 中这个问题已扩展为潜在检验虽非无穷量但达到了很大量的类似问题。每一个可能的检验都应进行吗？或者有可能从抽样检验中得出关于假设之真实性的普遍概括吗？那么又应该怎样选取样本呢？

在（抽象）统计科学的发展中，尤其是在通常所说的以概率论为基础的推断统计学分支中，已找到了这第二个问题的答案。概率论的基础是它允许作如下形式的陈述："假如我有一个取自已知总体 Y 的无偏样本 X 的观察，我就能够断言：我对该样本所作的观察结果对该样本取自其中的总体，在一定概率水平上也有效"（即我可以表达我对这一陈述的确信度。从 0.0——完全不信——到 1.0——完全确信）。能作这样的陈述就意味着我了解样本取自其中的总体，意味着选取样本的方式能保证总体的任何成员都不会有比其他任何方式更多或更少的被研究机会。

关于证实原理而不是证伪原理的运用还有一个问题，即"为了使我接受假设为真，经验资料必须适合到什么程度呢？"（对于证伪原理，答案是非常"完善"的：只要有一个否定证据，就可以否定假设。然而在使用样本资料时却不能避免这个问题：人们如何才能断定大型总体中不存在否定的情况。）于是，对于上述假设 4，A 和 B 都发生的事件要有多大比例才能使我确定假设无效？

这个问题的解决办法也常常可在概率论中找到。再以假设4为例,可能已研究了20次出现:10次观察到了事件A但无事件B;8次观察到了事件B但无事件A;2次观察到了事件A也观察到了事件B。那么可对概率论发问:“在事件A发生12次、事件B发生10次的情况下,两事件同时发生两次那样少的可能性有多大?”换言之,在事件A和B比例相似的总体中,两事件碰巧同时发生的可能性有多大?这一概率越小,科学家对他的假设为合理的确信度越大;否定的情况很难发生(相对而言)并可与机会(未在他的假设中认同的某种随机过程)或与尚未在他的理论或模型中认同的其他机制联系起来。用从海那里引用的话说(见上文第16页),检验已提供了证据说明假设——以及从中得出假设的模型——对主题解释的发展作出了贡献。

那么假设检验就涉及收集经验证据用以评估假设的真实性。25
因为假设作为科学规律的前奏被设想为具有适合于整个预定经验范围的普遍性质,而最终检验常常又不可能,在很多情况里不能研究全部的可能事件,所以科学家们必须根据对总体和样本所作的严格限定步骤来设计检验(试验,数据采集),以便能够从样本中作出关于总体的陈述(见:Hay,1985b)。不仅如此,在很多经验科学中,研究者认为一切思索都是不完备的,不可能体现每一个不测事件(也就是说他们研究的是开放系统:Sayer,1984,1985)。因此假设4可能应该是“若有A和C,则非B”,但理论和模型又没有包括C。这样,科学家就对A的存在意味着B将不出现的可能性产生兴趣。如果他的结论只是一种可能性,他就可以断言A是B不存在的必要但不充分的条件;对异常情况的研究可能会使他形成新

的假设“若有 A 和 C,则非 B”,新假设必须以独立于前一试验的新试验来检验,否则他就面临归纳问题。(注意:“若有 A 和 C,则非 B”并不与“若非 B,则有 A 和 C”对称,这是一个独立的假设,隐含不同的理论。)

这一假设检验的讨论包含着随机性和机会事件的概念。在完备的科学解释里不会发生这些情况,除非正研究的现象之行为具有完全随机的因素。这样的信念与实证科学的基本设想是冲突的;实证科学认为一切事物都可以解释,一切事件都有某种确定原因。然而,可以允许随机性进入,如果:

1. 在各个体以群体而不是个别方式运作的聚合水平上进行研究,在这种情况里聚合过程可以包含平均化,围绕平均化可将个别的变动处理为随机的。

2. 研究仅仅是部分的,其中假设只说明部分关系(就是说,“若有 A 和 C,则有 B”是完全假设,但所研究的只是“若有 A,则有 B”),而且可以设想其他变量的作用有如随机的一样。

3. 已发生了无偏因而是随机的量度误差。(这最后一条设想被检验假设的因素——诸如 A、B 和 C 之类——在“现实世界”中既可被分离也可被测量。)

在这些情况中,研究者可能准备接受正研究的关系中有着某种随机性,并要问一问:已观察到的结果是否由于观察的随机分配
26 而很容易简单地发生(见:Hay,1985b,有关运用推理统计学的第二种类型)。如果概率论指明这种关系随机发生的可能性很小,那么分析者就断言所获得的结果是“真实的”,并指出他正要建立的规律的作用。

理论、模型、假说和规律

所以实证科学是一个积累过程，依靠它以一种有结构的方式获得知识，以使每一添加的部分对科学家们理解世界都作出贡献。科学始于理论，也终于理论。科学的目标是通过把从最近一轮思索中得到的发现，即新建立的规律收编到理论中来扩展现存理论。

当一门科学发展时，它的理论主体也在发展。开始时，它将处于一种弱理论发展状态，可能缺乏任何已建立的规律。但是建构模型和产生假设的第一个回合并不是无理论的，因为这样就意味着思考过程以某种真空状态出现。一切思想都受理论的指导，虽然常常是受弱理论甚至错理论的指导。（之所以如此，是因为纯经验主义是不可能的。任何工作，无论怎样无结构，都受“什么值得思考”的见解所引导。在人文地理学中，任何资料的收集都受到“什么值得量度，什么值得制图”的理论影响。）科学家们被罗致到科学研究过程中，使他们适合学科主旨的需要，他们学到的知识主体和研究方法，构造着他们用以确定并处理新问题的方式（见：Kuhn，1962；Barnes，1982）。当面临一种新情况时，他们将以他们已经知道的东西为特定关联域来对付它，企图把它收编到他们现存的理论框架中去，并企图用他们已建立的方法论来发展关于新情况的规律。因此实证科学是一种稳健的过程，沿着预定的路线积累知识。（当然也允许科学家们有某些个人幻想的机会。但是在很多情况下，科学家们也受到严重限制，必须要解决其他问题后才可能解决某些问题。一些现象论者——例如：Pickles，

1985——认为科学的内容是独立于人类个体之外的预先给定的范畴。)间或地也需要打破这种保守主义,需要用新的眼光来看问题;但不是通过重新开始,而是通过以一个不同的理论结构,一组导致新演绎的不同初始命题为特定关联域来处理问题;而在这些命题能得到检验以前,新的演绎要求发展一种新的方法论。

然后,每一位科学家都表现出他所受的教育,对研究问题具有某种思考方法即理论结构,对检验假设具有某种步骤即研究方法
27 论。他的任务是用该理论结构加上他对世界的观察(或许还包括从其他理论结构的工作中得出的结果)来识别尚未解决的研究问题。这可能包括导出新的模型或创造新的概念,但在很多情况里将在现存模型中识别问题。作出假设,设计试验来检验它们,积累资料,由检验来下结论。若结果(如希望的那样)是肯定的,则理论结构中就加上了一条深一层的规律即科学概括。

多数科学家都或多或少地卷入了这一程序的所有方面。某些科学家更乐于在理论结构中工作,操纵已知信息来探索新问题;另一些科学家则倾向于工作在模拟阶段上,把思想表达得符合规范方式,还有一些科学家宁愿当试验家,他们收集资料来检验别人作出的假设。这样一种劳动分工只是为了方便而已。科学是一个连续而完整的建构、思索、试验过程。

并非所有的科学努力都能成功,如果它失败了,即假设未得证实,或批判性试验导致否证假设,那是有一些原因的。失败可能在于建构过程:对理论和模型作了错误组合;或是推测中的错误:假设应用到了不相干的情况,或许表明现存理论只适用于比原先的想象更为有限的经验范围;或是检验不合理:可能做了不适当的试

验。此类反面的发现是很有价值的，指出了今后工作更富成果的方向；这些失败常常表明科学家难免有错误而不是科学易犯错误。

实证社会科学

以上对实证科学的描述勾画出一种统一结构的基础，根据孔德及其若干追随者的看法，这种统一结构对社会科学的适合性就有如对自然科学。然而，作为一种结构，它几乎完全是由自然科学家，也几乎完全是为自然科学家所发展的，而仅仅是适宜于社会科学而已。因此实证主义在社会科学（即人和社会的研究）中的应用是以自然主义前提为基础的，自然主义指“可对社会作自然科学研究的学说”（Thomas，1979）。这又建立在某些假定的基础上，这些假定可列举如下：

1. 社会中发生或涉及人类决策的各种事件都有某种确定原
因，这个原因是可识别也可证实的。此即因果假定（即可将第 23 28
页假设中的 A、B 和 C 以某种特定方式分离且联系起来）。

2. 决策是人们遵从的一系列规律运作的结果。这可称为行为主义假定，即认为一定的动因在预定情形下产生一定的响应。

3. 存在一个客观世界，构成个人行为及其后果，它们是可以以某种客观方式、按普遍同意的标准加以观察和记录的。此即（直率的或朴素的）实在论假定。没有这一假定，就不可能运用实证主义步骤，因为这种步骤以接受证据为基础，“一个命题的意义在于证实它的方法”；所以，如果证据的性质根本不可接受，那么这种步骤的运用是不可能的。（注意，这种形式的实在论与第四章中讨论的超验实在论不同。)

4. 科学家是无私利的观察者，能够站在其主题之外(虽然在其生活的另一部分里他可能是这个主题的一部分)。他能够以中立方式观察和记录主题的特征，在任何方面都不会由于他的步骤而改变这些特征；对于其主题他能得出不带偏见的结论，这些结论也能被其他观察者所证实。这就是**无私利观察者**假定。

5. 就像在无生命物质的研究中一样，对按照可观察的规律以确定方式变化的人类社会(一个有机整体)也存在一种结构。这可称为**功能主义**假定，即认为社会的各种要素都在社会里占据一个特定位置。

6. 也能以确定的方式将实证社会科学的规律和理论用来改变社会，不是通过改变在特定环境中起作用的规律，就是通过改变规律将在其中起作用的环境。这可称为**社会工程**假定。

这些假定对实证社会科学基础的加强可能还未被很多从事者承认。它们的存在并不意味着一种包含简单因果规律(若有 A 则有 B)的粗糙机械论社会模型，虽然已有很多此类模型曾被提出过。人类社会是复杂的，或许比自然科学的主题更复杂。但据托马斯(Thomas，1979)看来，复杂性不应成为不去解释社会的理由。这就意味着有很多规律在起作用，其中很大部分是在非常有限的环境下，但却与若干其他规律相互作用。这就使一些人认为每一事件、每一项人类决策都是独特的。对此的回答是：其独特性所体
29 现的是各种情况从而有关各种规律之作用的独特结合，而不是一个不可与任何其他情况相比拟的独特情况。所以，

> 一组现象的显明特点和行为中的广泛差别，并不排斥存在着一套隐伏于这些现象之下并可用以解释所有这些现象的共同变量；若不这样思考，就是用初始条件来从根本上为普遍性制造混乱（Thomas，1979，p. 18）。

由于规律可能很多，而且它们在其中起作用的环境更是形形色色，所以揭示规律的过程可能很慢。每一轮成功的研究都提供一种经验概括，它虽然缺乏一个规律所要求的普遍性，但却深化了对于所研究现象的了解，认识也就随之得以扩展。

社会科学家的一项主要工作，显然就是确定他们的组成性规律，以便将个别的人和事件归类。正如上面所提到的，这样的分类是实证科学的基础。各类别必须根据相关理论合理地加以规定，否则在公式化和假设检验中涉及的概念将变成塞耶（Sayer，1984）所说的“混乱的概念”——即概念本身是内在异质的，不能导出合理的功能性规律。（例如，在社会科学中，社会阶级这个概念的性质，是关于如何才能定义其组成性规律的注意力之焦点，正如邓里维和赫斯本兹〈Dunleavy and Husbands，1985〉所言。）在缺乏足够多且有效的理论来作为定义组成性规律之基础的情况下，社会科学家可以诉诸归纳过程，努力从经验数据中确认同质的类型——如同众多行为地理学研究中的那样：见第 39 页——以作为更正式进展的前提。

对于社会科学，组成性规律的确定在两方面是至关重要的。第一是判定个体功能性规律，此规律指出，特定范畴内的各个体都会以某种确定的方式行动，以对一定的刺激作出响应。第二是群

体功能性规律，它指总体聚集的响应而不是个体的响应。（例如在某些社会理论中，是社会阶级而不是个人在行动。）这分别代表了个体论和整体论的观点。正如西蒙斯和考克斯（Simmons and Cox，1985）所澄清的，它们不是社会科学独有的特征，但它们是社会科学的中心；如果理论暗示不仅相似的个体有相似的行动，而且群体也如个体般行动，那么正确地判定组成性规律就是至关重要的了。

因此，这里的论点在于实证主义的科学模式是可以在社会科学中应用的。它建筑在前文所述的假定上，这些假定可归纳为一
30 句话：人类行为受因果规律操纵，这些规律的性质可通过依靠经验证据的假设检验过程来认识。通过以特定方式对社会的考察，它将告诉我们社会如何运转。注意，有些人会争辩道：规律绝不是决定论的，它们绝不会提供完全证实，因为人具有“自由意志”。对此有两个基本回答。第一，人的选择自由是有限的，一切行为和信念最终都是被决定的；问题在于社会科学无能力认识其因果链。这是与消除形而上学有关的逻辑实证主义论点。（这种过失在更好的理论发展起来以前是暂时可容许的，因为在已提供的解释里可以把随机误差结合进来，以包括那些呈现为自由意志但实际上是尚未得到解释的变化成分。）第二个回答是，实证主义的科学概念并不能在社会科学的所有方面得到应用。在这种情况下，上述假定在单称陈述中是有效的：人类行为的某些方面服从因果规律的运作，并可按照实证科学的概念来研究。其他方面则不行，所以实证主义只与有限的领域相联系。在逻辑实证主义那里，当应用于社会科学时却不存在此类限制。

实证主义与人文地理学

人文地理学是最后广泛采纳实证主义思潮的社会科学之一。这部分是因为直到不久以前它与其他社会科学的联系还相对薄弱;部分是因为它与自然科学的主要联系是通过自然地理学与地质学建立的,而在地质学中实证主义并不占优势(在地球科学和生命科学中是经验主义占优势,因而达尔文提出的进化思想大行其道并得到广泛采纳。见:Stoddart,1966);部分还因为它牢固地根植于人文学科(与非社会科学的历史并行不悖)和例外论哲学中,后者是哈特向(Hartshorne,1939)提出的独特性(被某些人错误地解释成唯一性:Hartshorne,1984)的发扬。实证主义思潮被引入人文地理学的准确时期尚不能确定,因为实证主义思潮的一些基本原理散见于各篇论文中。但正是在20世纪50年代中晚期的美国,很多学术机构广泛地介绍了实证主义(Johnston,1983a)。从那以后,它就迅速地传播开来,到60年代末期已支配着整个北美和大多数英语国家的人文地理学。

采纳实证主义思潮的原因是多种多样的,很难一下说清。总的说来,都与对现存方法的不满(见:Gould,1979)和与在经济学、社会学、心理学和政治学中实行的“科学的”社会科学的诱惑力有 31
关。(也通过自然地理学者与介绍实证主义方法的地质学者如克伦宾〈Krumbein〉、舒姆〈Schumm〉、斯特拉勒〈Strahler〉相联系。)科学具有学术性并受到社会尊重,**社会科学**也是如此;科学是实用的,地理学者们领悟到他们更为科学后就能更为实用,从而增进学

科和个人的价值。

不论实证主义思潮总的诱惑力如何，在很多情况里却显然没有被充分包容进地理学训练中。在科学哲学甚至在科学方法方面并没有多少进展的证据，也没有证据表明实证主义科学概念的支持者们对这些课题作了任何研究（见：Golledge，1983）。一些重要术语——规律、模型、理论和假设——全都被广泛采用，但总的印象是实证主义论点的细节只是部分地得到欣赏。一些人促进了基特指出的其他三个论点——科学主义、科学政治学和价值自由，但没有作更多的仔细分析（看来好像是事后才认识到）。

但是，浪潮滚滚向前。对很多人来说，实证主义思潮的主要诱惑力是数量化：以数学或统计学的形式，即以一种意味着精确、可重复性以及确定性（孔德的确定）的方式表达研究成果。于是，这种新思潮的很多拥护者都自称为“统计或数量地理学者”。确实，众所周知他们的论点是所谓“数量革命”，正如伯顿（Burton，1963）在一篇被广泛引用的文章中指出的那样，该文预言了这一革命的成功并令人信服地保证：

> 我们学科伴随着强调理论模型的建构和检验的大量数学化（Burton，1963，p. 151）。

某些支持者把革命搞过了头，而且由于数据可用性的不足，由于所涉及的假设检验与任何表达得十分清楚有力的理论或模型充其量只有微弱的联系，早期的一些工作无疑是比较浅薄的。（例如，假设这个术语在那时常被滥用，见：Newman，1973。）但如果认为实证主义思潮被广泛地误用和滥用则是夸大其词了。根据科学哲学文献，引人瞩目的争论集中在与地理学工作有关的某些实证主义概念的基本方面上。例如，乔莱(Chorley，1964)发表了一篇论模型在地理学研究中之作用的经典论文，用一种非常广泛的方式定义的“模型”概念来使理论具体化；这篇论文是关于地理学中的模型这一论题的一本受到广泛喝彩的巨著(Chorley and Hag- 32
gett，1967)的前驱。对于规律的关联也作了讨论，刘易斯(Lewis，1965，p. 27)在一篇重要短文中总结道：

> 一般从逻辑上看都认为每一件事物都是独特的。但在独特事物中可以找出相似性，从这些相似性中可以作出普遍陈述，然后把这些陈述表达为正式规律。这些规律并不意味着一个事件A总是被另一个事件B跟随，但它们表示了一定因子之间的某种功能关系。最后，可以看出这种意义上的决定论与内省的自由意志并无冲突。

戈列奇和阿梅代奥(Golledge and Amedeo，1968)也研究了地理学中的规律这一重要问题，“规律的最终存在是以接受宇宙中的理性或非偶然性原则为基础的”，从这一前提出发讨论就得出如下结论：“以一种严谨的方式提交研究成果，并考察可发现规律性形式的可能性，是一种在学科里开始发展富有意义的充分哲学基础的好方法。”(p. 774)最后，几个作者(包括 Grigg，1965)考察了传统地理学对区划(将地球表面划分为若干类型)的兴趣与分类(鉴别具有共同特征从而受同样规律制约的个体)这一更普遍的科学方

法之间的关系。

对于人文地理学中实证主义方法的充分说明和论点是直到1969年才发表的。汲取维也纳学派及其追随者中各种成员的著作，哈维(Harvey,1969)的《地理学中的解释》强调了方法论而不是哲学问题。他接受了实证(社会)科学概念的那些假定，并且实质上把他的全部注意力都致力于实证科学在地理学关联域内的运用方法上。所以在这本书的开头，他认为解释居于地理研究关注的中心地位，而科学方法就是支配着对一个已提出的解释接受或是不接受的一套规则。然后他讨论了涉及这些规则在社会科学中应用的一些问题。注意到它们的多数应用“尚非特别严谨”，而且“每门学科在决定各种陈述是否有理时所用的标准方面都趋向于各行其是”(pp. 60—61)；并考察了地理学中对理论之态度的历史。他用巴拉邦(Ballabon,1957,p. 218)的话总结道：“地理学长于事实而短于理论”。他认为：

> 理论的发展对于作出满意的解释和确定地理学作为一个独立研究领域两方面都是极其重要的(p. 78)。

这就导致了他这本书的结论，地理学者应该：

> 创造理论结构，这些理论结构反过来又将给我们的学科
> 33 以它目前如此迫切需要的特性和方向。没有理论我们就不能
> 指望对事件作有控制的、始终如一的和合理的解释，没有理论
> 我们就很难声称了解自己学科的特性(p. 486)。

虽然下这个结论，但哈维认为，关于实证主义科学概念的方法及其核心要素——理论、规律、模型、假设——的作用还存在着很大的误解；它们被给予过分的待遇，就像对数学（“科学的语言”）和概率（“机会的语言”）的作用那样。因此，哈维所提供的是一系列对于实证主义科学概念之主要因素的见识，这些见识建立在一个信念的框架上，这个信念是：（科学地得出的）理论主体的发展对于一门科学训练获取独立的地位是必不可少的。

有趣的是，哈维虽然大量引用逻辑实证主义者的著作，他却没有为科学主义辩护。例如关于时间的研究（pp. 80—81），他指出人们不应把历史决定论归咎于展现出来的景观；他并且认为“方法论者的作用不是约束思维，不是诋毁形而上学，也不是束缚想象”（p. 481）；他还认为，在作为决策者的科学家之关联域内，“决策不可能在道德或伦理的真空状态中作出”（p. 40）。他提出一种方法论，他显然相信它对地理学者们具有重要而普遍的价值，因为他在上述引文（p. 481）后继续写道：

> 在某一阶段我们必须牵制我们的思维，必须把事实和设想分开、把科学和科学幻想分开。方法论者的任务就是指明可用以完成这个工作的工具，并评价这些工具的功效和价值。

这就近乎为科学主义辩护了，又导致了前文所引的陈述，即

> 没有理论我们就不能指望对事件作有控制的、始终如一的和合理的解释（p. 486）。

但是正如他在这本书里和其他地方(Harvey,1973)承认的那样,他回避了绝大部分哲学问题(该书的索引中既无认识论也无本体论)。因此《地理学中的解释》基本上是一本科学方法论的介绍,因而是实证主义的,逻辑实证主义的任何见解都非常含蓄。

实证人文地理学之要旨

正如前文指出的,实证主义者相信科学方法的统一性。根据这个观点,既然所有学科都使用同样的方法论,那么学科之间的区
34 别就不在于如何进行其特定研究,而在于它们研究什么。因此实证地理学的发展有赖于特定兴趣中心的发展,这个兴趣中心使人文地理学在各门社会科学中独具个性。这就是应用于特定地理学主题的科学方法。

所选择的兴趣中心建立在地理学中早期传统的基础上,即“地方和空间”。正如哈维(Harvey,1969,p.191)指出:

> 地理学的全部实践和哲学,都依赖于用以研究各种客体和事件空间分布的概念框架的发展。

地理学者们长期以来一直对“何地是什么?”有兴趣,这可以分解为两个相关的问题:“什么样的现象复合体成为一定地方的特征?”以及“什么样的分布格局成为一定现象的特征?”这两个问题显然是有联系的。在一定地方里有什么反映了各种现象的分布,而这些分布又可能受一定地方(因为已有的东西)对一定现象的吸引力的

影响。

在这个兴趣中心里面特别强调空间的某些方面，尤其是它们作为一个阻碍因素的作用。穿越空间就涉及时间、各种费用和其他因素。要尽量避免这些费用，这样才能把社会组织从空间上构筑起来以控制甚至尽可能减少所谓的“距离摩擦”。因此对很多人来说，人文地理学就成为“空间科学”（或空间社会科学）的研究，他们企图发展反映这一立场的理论（例如 Nystuen，1963）。与此同时，还企图为这一立场辩护并把兴趣中心集中到社会科学内（例如 Cox，1976）。

人文地理学这一关注于空间的论题是从其早先对于地方特点的注意（即区域主义）演化而来的，这是研究地方分异的一种实证主义方法。如果独特事件（在地理学中就是地方）是由普遍规律的一定组合（在地理学中即空间分布的组合）引起的，那么这些事件（地方）的特点只能用有关规律的结合来解释。当然，这些规律所具有的地位是根据它们的理论位置授予的：其理论属于系统地理学而不是区域地理学，因而后者正每况愈下。因此，空间科学要求理论，从中能获取并检验模型和假设。开始时的几个主要论题就是以这种方式发展起来的。每个论题的理论基础都是从人文地理学外部借来的，主要来自其他社会科学。那些理论在这些社会科学中只是相对次要的兴趣中心，但是在地理学中它们却上升到重要的核心地位（见：Pooler，1977）。唯一的竞争来自区域科学，一门具有相似的兴趣中心但根植于经济学的新学科。然而该学科从未吸引更多的学术成员，所教的学生也很少，因为它一直未能在少 35
数几个大学以外的大学里建立事业基础。最近几十年里，只有地

理学在重视社会科学的空间方面。

中心地理论

这是关于为腹地人口提供服务的聚落之规模、功能和空间分布的一种理论(实际上是一个理论家族)。其孪生起源出自两个德国经济地理学家——沃尔特·克里斯塔勒(Walter Christaller)和奥古斯特·廖什(August Losch)——的著作,虽然其他几个作者也曾注意到该理论概括了其存在的某些经验规律性。

中心地理论的最简单形式是以下述初始命题为基础的:企业家设置服务设施以使营业额达最大,这使他们要尽可能地接近其顾客;顾客购买货物和获得服务都在可得到的最近出路,以使他们消费行为的费用最小化;不同类型的设施需要不同水平的营业额,因而需要不同规模的顾客人数以支持它们的存在;没有阻碍运动的障碍,运动费用与移动距离成线性相关。从这些初始命题中可演绎出:设施以及聚落都应均匀地分布于人口密度均匀的地区内,具有相同营业额水平的设施的群集会(根据克里斯塔勒而不是廖什的理论)产生一种聚落等级结构。

因此,中心地理论建立在某些关于行为的假定规律基础上。由此发展出一个聚落格局模型,它提供了很多关于城市区内聚落以及购物中心之规模、间隔和功能构成的可检验假设。它激发了大量的经验研究;也激发了对演绎出来之规律性的研究,很多研究者也把那些初始命题用作假设的基础,尤其是在顾客从可得到的最近出路购物方面。能发现该理论对观察到的分布提供了充分解释的研究并不很多;多数研究只发现在假设和证据之间有某种一致，并认为试验（检验）已至少是部分地证实了该理论以及作为其基础的假定（见：Beavon，1976）。

土地利用理论

这发展成一种围绕市场来组织农业土地利用的理论，是由德国经济学家冯·杜能（J. H. von Thunen）于 19 世纪早期在对他本人的普鲁士种植园观察的基础上加以形式化的。像中心地理论一样，这种理论也建立在新古典经济学的背景上，根据新古典经济学，个别生产者对他们商品的价格不可能有多大影响。这种理论认为，任一块土地的利用都是其生产能力以及把其产品运送到市 36
场的成本（由生产者承担）的函数。假定土地对所有产品都同样能生产，其论点是：运送一定产品的费用越大（因为其庞大或易腐），那么在一定价格上接近市场的农户生产这种产品所获的利润也越大。所产生的经济地租在市场位置上达最大，并随着离这一位置的距离减小。

从这个理论里演绎出两个模型：第一，农业活动围绕一个市场将形成一个带状空间组织；第二，农业活动的集约度将随着离市场的距离降低（在所有带间和在每一带内都是这样）。这些模型也提供了很多经得起检验的假设。

杜能的理论也被用作一种类比，用作发展关于城市区内土地利用组织之理论结构的模型。阿朗索（Alonso）、穆特（Muth）、温格（Wingo）和其他一些人的工作就以此为基础，以单中心城市区的假定为基础，得出如下可检验的（特别）假设：围绕一个城市区的中心有一种土地利用的带状组织；地价随着离城市中心的距离降低；人口密度随着离城市中心的距离减小。所有这些假设都被至少是部分地证实过（见：Chisholm，1979；Berry and Horton，1970）。

工业区位论

首先在一些经济学家如德国的阿尔弗雷德·韦伯（Alfred Weber）和美国的埃德加·胡佛（Edgar Hoover）的著作中得到表述。这一理论结构是建立在下述初始假定基础上的：一切制造业的所有者都希望把他们的工厂安置在使生产成本和到市场的分配费用达最小的地方。在这些费用中有运输费用，所以初始命题中有一个就是：制造业的配置要把运输费用减至最少。从这些命题中可以发展工业分布的模型，并可得出关于特定区位的假设。这个理论主体已被应用于多种多样的关联域中，越愈重视各产业间在货流、服务和信息流上联系的重要性，重视把这些联系扩大为对区位的主要影响因素的要求（见：Lloyd and Diken，1978；Smith，1981）。

城市社区

前面三个论题主要关注于经济地理学，并从经济学和区域科学的研究中获得其激励；这第四个论题的关联域则是社会的，其主要激励来自社会学，尤其是在美国（那里的社会学者本身又受人与人、植物与植物、植物与环境这些相互关系之间的类比所激发；通
37 过这种类比，他们发展了人类生态学研究）。其基本命题是：社会尤其是高级城市社会，分为各种经济地位群体（常称为阶级）、伦理

群体以及形形色色的利益群体，这些群体的成员由于各种社会和经济原因而愿意居住于城市区的各单独部分，并尽量减少阶级之间和群体之间的接触。距离被表示为一种社会的而不是经济的障碍，虽然二者显然有联系；各群体为争夺城市空间中的位置而竞争（根据前述类比，这就像植物在任何生态环境中所做的那样）。城市居住区的空间组织反映出距离作为一种社会机制所起的这种作用。

从这一生态学理论中得出的模型有两个组成部分。第一是关于空间聚合和空间分离的：同类人倾向于共同居住在相同的地方，而不相同的人则居住在不同地方。第二个与这种聚合和分离的形态有关：存在一种特别的城市空间组织，各种社区类型都占据一定类型的地方（内城、城外郊区等等）。从这些模型中也很容易得出各种假设（见：Timms，1971；Johnston，1984b）。

空间相互作用理论

这最后一个理论结构包括其他四个的某些方面，但常常给予单独对待。其焦点集中在社会之空间组织的一个方面——运动上。它的基本初始命题是：在涉及运动的任一活动中，人们都企图将所包括的费用减至最小。所以社会的整个空间组织包含一种把运动减至最小的训练。

这个论点在社会科学中已有很长历史（Tocalis，1968）。其发展曾得到与牛顿引力定律所作类比的支持，该定律把两物体之间的相互作用与它们质量的乘积和分离距离（成反比）联系起来。在这一“引力模型”的基础上已形成并检验了很多假设；简言之，这些假设都主张:两地之间的距离越大,它们之间的相互作用就越小(见:Wilson,1980 and Gould,1985)。

开初,这种研究的主体绝大部分关注于各种经济流,如商品流和聚落之间的迁移人流。但是正如已指出的那样,引力模型论题已构成多数社会科学的基础,所以被广泛地应用于货物、人、资本、思想等的运动上。与此相联系,发展了一个关于空间扩散的理论主体,它认为任何革新,包括信息和思想,在其传播方面都会由于距离的摩擦而具有空间倾向性。于是又发展成一个普遍假设:一个人离一个信息的源地越远,他或她了解这个信息的可能性就越
38 小。或者是这个信息到达他或她那里就越迟。这个假设已应用于各种各样的关联域中(Cliff et al.,1981)。

这五个理论主体绝没有囊括作为实证人文地理学发展部分最初所开展的全部工作,但这里概述的那些初始假设对大多数这样的工作者都有代表性。它们说明了人文地理学者们如何(主要从其他学科)采纳了某些基本思想,并把这些思想用来发展关于地球表面上的一些模式(如中心地理论的聚落模式和农业区位论及城市社区研究的土地利用类型模式)和关于跨越地球表面的一些运动的若干模型和假设。(对上述材料的一项早期的经典综合工作是 Haggett,1965)对这些假设的检验包括数据采集和把统计步骤用作证实方法(某些模拟还包括使用数学)。大量的研究文献已接踵而来,此外还提供了一些教科书。可将它们分为三类:第一类(如:Haggett,1965)试图构筑人文地理学作为一种空间科学的内容,强调有关的理论主体;第二类(如:Abler,Adams and Gould,1971;Amedeo and Golledge,1975)对实证主义科学概念作为在某

特定关联域框架内地理研究的一种手段给予更多重视；第三类（如：Ebdon，1985；Bennett，1979b）则强调实证研究所需要的技能。

实证主义思潮的问题

在采纳实证主义科学概念，并把它应用于限定为空间科学的人文地理学中去时，地理学者们遇到了很多问题，也避免去处理某些争端。这些问题和争端中有一些是与自然主义即社会科学中的实证主义方法论的恰当性有关，并因而与寻求规律和理论的合理性有关的普遍性问题。这些重大问题是在批判实证主义思潮并提出社会科学的替代哲学（将在本书余下章节中讨论）时产生的。同样，对于已称为"主张空间独立者"的论题（Sack，1974），对于关注于"空间变量"的一门独立社会科学是否可能（见：Johnston，1983a，Chapter 4），也存在一些争论。但是也有一些问题和争端是属于实证主义思潮本身的。

行为和理论

这些问题中首当其冲的一个与人文地理学中正发展之理论的性质有关。正如已强调指出的那样，大多数理论都是从其他学科借用的，其中很多构筑得很不正规（或者表达得相当含糊；或者如海恩斯〈Haynes，1975，1977〉认为的那样，数学理论的形式结构可能含有逻辑上的前后矛盾）。这就产生一个后果，即从理论中—— 39
很多情况里通过模型建构——导出的假设已证明是一些非常可怜

的预言因子。这些理论不能提供令人信服的解释；确实，在很多场合，尤其在中心地理论中，已表明理论的初始假定没有多少现实基础。

关于这些初始假定，已在这一背景上提出了一个有力论点。隐伏在大多数上述理论主体中的行为主义已具有某种规范形式——这就是所有的人如何行动。进一步看，这正是从新古典经济学中得出的一个特殊类型的规范假定。它认为人作为一个经济行动者，完全从理性上要使利润达最大，这在空间关系的科学中就意味着完全从理性上要使运输费用达最小。某些地理学者似乎相信这是唯一的规范假定形式。然而，任何行为都可规范地表现（见：Hay，1979），并可作为理论连接的基础。例如，中心地理论的基本演绎并不一定要求每一个消费者都光顾最近的中心，而只是说在光顾最近的、次最近的……等中心的消费者比例方面不存在空间变化。由于假设被证伪（如果理论仍然合理，这时假设就应该得到证实），这就导致一个论点，即理论是在错误的初始假定上发展起来的。所以这个论点进一步认为应当使用新的假定，它们是确定的（是什么）而不是规范的（应该是什么；普雷德〈Pred，1967〉还认为基于新古典经济学的规范推理是不可能的）。

这一论点指出，需要对“人们实际上做什么”和“他们怎样得出他们的决策”作更多的直接观察。因此主张一种归纳途径。其结果是大量确定的行为主义研究：试图根据行为如何发生（而不是为什么发生）来量度行为的经验研究。所以戈列奇（Golledge，1981，p. 1327）在评论这种研究时注意到：

> 研究者们强调，诸如接近信息的机会、不顾冒险的程度、环境意象、关于刺激性形势的知识阶段、对地方的态度、感觉到的应力、讨厌风险、地方效用和已揭示的偏爱等因素在认识空间活动中都是至关重要的。

对此的反应是所谓“行为地理学”的发展。行为地理学具有：

> 过程指向。所强调的过程……是诸如学习、感知、认识、态度形成等等的人类行为过程(p. 1327)。

从单个决策者那里收集关于这些过程之变量的数据，行为地理学
设想这些变量支配着那些决策者的行为。它并没有把焦点集中于 40
独特的个别人，而是试图通过若干个人的聚集体加以概括；这并不
需要任何特别的方式，因为它的目标是：

> 发现有意义的聚集单元，对于它们可作出概括(p. 1328)。

（注意：戈列奇的论文部分是对邦廷和格尔克〈Bunting and Guelke，1979〉批判的回答。此二人认为行为研究是建立在两个错误假定基础上的：存在可以准确量度的可辨认环境意象，在这些意象和行为之间有着密切关系。他们提出一种以对明显行为的解释为基础的理念论方法作为替代，参见第 55 页。）

50 年代和 60 年代“新”地理学的中心地理论、空间相互作用理论及其他基本原理明显地影响了“行为地理学”中论题的选择，

这些论题关注于诸如购物中心选择、迁居决定、寻求新居、为旅程选择运输方式一类的问题。这种研究通过严格的抽样程序，来寻求将数据采集、态度的度量和行为的度量、结果的陈述进行普遍化，在这个意义上它是实证主义的。但是它显然不那么具有理论导向，而且在每一种场合都未将假设置于研究策略的中心地位。这就暗示了某种程度的归纳主义（也针对一般实证主义研究的一种指责：Slater，1973）。反驳是：在关于解释和预告行为的演绎理论失败时，某种归纳阶段是任何可行理论发展的必要先锋。（规范的理论建在了无效的组成性规律上。）应该强调指出，那些失败在于演绎理论赖以建立的假定：

> 考察人类行为需要定义一系列假定……最容易接受的一个假定是行为不变性……普遍认为对这些假定无须任何证据，直到行为研究指明了对外部环境的感知和认识中存在本质的易变性，并可用这同一决断过程来解释所有不同的空间行为时，才认识到这些假定的肤浅（Golledge，1981，p. 1326）。

正如戈列奇在同一篇评论中所承认的，还没有任何有力的新理论作为这种行为研究的结果出现；但他确实认为“在对人类空间活动的认识水平上有了实质性增长”（p. 1339）。建立理论的路是漫长的……

证实

除了这些涉及支持地理学理论的行为假定的问题外，在检验

那些正在应用的假设的合理性时，也遇到了一些实质性困难。概
而论之，这个问题可简略为一个简单问题：“什么东西构成对地理 41
学假设的证实?”(因为几乎所有的地理学者都公开追随证实而不
是证伪策略。)这个问题的答案还没有提出来，而且正如艾尔认为
的那样，很多假设都陈述得很含糊，所以可以认为很多假设检验得
也很含糊。据艾尔(Ayer，1964，p. 35)看来，证实的标准在于：

> 当且仅当任何特定个人知道如何证实一个判断意在表达的命题——也就是说当他知道什么样的观察可使他在一定条件下接受该命题为真，或证明为假而否定它时，我们说这个判断对他才是有实际意义的。

持实证主义立场的人文地理学者知道需要观察，但却远不明白接受或否定一个假设的条件。在评论这一点时哈维(Harvey，1969，p. 105)注意到：

> 当我们试图决定一个特定判断是不是一个科学规律时，从理论中得出的判断本来在经验上可能是无根据的，而直觉上看来有很大意义的经验判断，有时又不能与任何现存理论结构相联系……所要求的理论支持程度、经验支持的程度、对作为一个整体理论结构的信赖程度等等，可能因人而异……其标准的确切性质可能是朦胧的，但这并不意味着这些标准是无用的和无意义的。

对大多数采纳实证主义途径的人文地理学者来说，接受或否定假设的标准是从概率论中导出的统计学标准。例如，如果某一相关系数能显示出在一个(任意得出的，通常为 0.05)适当概率水平上的统计学意义，那么这就可作为假设之合理性的证据(设想该系数所显示的信号是所期望的)。如前所述，在此类关联域内可以两种方式应用概率论：一种是去陈述，在一个样本中观察到的关系很容易出现在母总体中(但按照大多数试验所用的方法论以某一未知强度出现)；另一种是去陈述，在正研究的数据集的随机次序里，那一特定关系的发生很少是偶然的。既然这个关系已被预测并且其发生不是偶然的，那么可将它当作“真实的”，这就进一步证实了假设(Hay，1985b)。

统计检验方法在这两方面都引起一些问题。对于第一种方式，有一些问题与总体和样本的性质有关。一个假设或假设从其中导出的一个理论，必须与样本可从中得出的某一特殊总体相联系。地理学理论的总体是什么？在很多情况里这些总体远不清
42 楚。那么样本又指什么？(在设想应用中心地理论的场合，一个地方的样本是对包括有 200 个聚落的农村威尔特郡的研究呢？还是对 200 个聚落中样本的研究？在第二种情形下，它肯定不适宜构成一个随机样本。)如果无论总体还是样本的性质都不清楚，那么统计意义上之检验的合理性必然大可置疑。

如果推断统计的样本—总体方法在大多数地理学研究中无效，那么对概率论的依赖必然以上述第二种方式为基础。如果是这样，那么在每一研究中要对数据提出的问题是：在那一个样本中是否存在所期望的关系。(所期望的关系常常被陈述得模糊不清。

可以预测一个相关，但是有多大？或者在引力模型的一个回归检验中距离会有负指数，问题仍然是：有多大？）但是，如果它存在一个样本中，那么当发现具有统计上的意义时，它能把地理学知识推进到多远？在假设得到证实以前，必须要多少分别的（独立的）研究来报告相似的结果呢？而如果这些研究是分别进行的，它们一起构成了所有可能研究的一个随机样本吗？

因此，地理学假设的证实是一个很重要的问题。（或许比采用可证伪性的标准更为重要。）正因为如此，所以虽然对从理论中得出的假设可加以检验，检验策略还是认为积累结果可能比归纳方式好不了多少。然而在自然科学中假设可能就其内容而言是普遍的，在任何地方的控制条件下都可加以检验；很多社会科学的假设则是部分的，而且是建立在不可能做适当试验的特定关联域中。既然如此，通过与经验现实联系来发展理论的过程就是一种缓慢的过程。

地理个体

这第三个主要问题是从前一个问题中产生的。人文地理学的主题极端复杂，很多规律在某些条件下只在同一时间的同一地方起作用。结果就很难隔离并检验简单的因果假设，因为正如要指出的那样，很难把复杂世界仅仅抽象为两种要素并检验预期的二元关系。地理学者早已认识到这一点，他们提出的多元假设，不仅包括在封闭环境内对一个因变量起作用的几个自变量，还包括那些相互起作用从而对该因变量起作用的自变量。已发展了专门技术来处理这类情况（Johnston，1978），但又产生了一个新问题：经

典的推断统计方法可以应用于空间分析吗？空间自动相关的问题引起了各种各样的技术争论和实质争论。技术问题关系到用不是
43 得自独立样本的数据来作推断检验的合理性，因为一个样本的取值关联到其相邻样本的取值；不过这类问题已经解决了（例如：Cliff and Ord，1980）。但是实质问题却被大大地忽略了，在少数人的头脑中引起了对很多统计分析之合理性的怀疑。

在很多研究里，一个更深一层的问题与定义地理个体这个研究焦点有关。没有多少人直接注意到这点。只有查普曼（Chapman，1977）是个例外，他讨论了确定实体（entitiation）问题，讨论了“地理学在处理其确定实体问题上令人沮丧地连连遭受失败，这是比其他任何事情都更能导致其如此众多问题的根源”（p. 7）这个事实。可研究客体的范围从原子到植物和动物，一直到国家和世界经济（这也是一个个体单位）。在这一连续体的某处有着地理学者的研究对象。虽然他或她可为个体单位采集数据，或利用从个体单位中采集的数据——这些个体单位可以是人、商店或工厂——但地理学者通常感兴趣的是这些个体的某种聚集体，即一个地方的总体（例如，正如社会学者对聚合为阶级和其他集团有兴趣一样）。但是什么聚集体呢？正如查普曼指出的，地理学的区域概念有点含糊，并没有给出多少提示（参见：Simmons and Cox，1985）。

确定实体这个问题又引起两个问题。第一个涉及总体和样本。如果地理学者对他们正在研究的是什么东西尚无把握，那么这对设计检验假设的试验就造成极大的困难。第二，有一个统计合理性的问题。例如，两个变量间关系的相关分析结果，既不会与

聚集体的规模无关，也不会与任一特定规模上的实际聚集体无关。正如奥彭肖和泰勒(Openshaw and Taylor，1980)所指出的，区域单位的可变性问题在于：用一个数据集(在此例里是衣阿华的99个县)来取得60岁以上人口的百分比与选举共和党的百分比之间的相关，如果观测只聚集为6个“区域”，则相关有可能从－0.999变化到0.999；而如果限定为36个“区域”，则只在－0.949和0.745之间变化。(把99个县聚集为36个区域的方式是很多的，更不用说聚集为6个区域的了。)哪一个是正确的相关呢？如果地理学者对他或她正研究的对象尚不清楚，要回答这个问题实际上是不可能的。

系　统　分　析

希望把实证主义的科学概念应用到他们学科的人文地理学者们面临的一个主要概念和技术问题，涉及对被人类组织得异常复
杂的世界要做有关的理论接合、模拟和试验的那些困难。前面讨 44
论的关于诸如中心地理论之类论题的研究所提出和检验的假设总的说来都是非常简单的，它们当中的很多都直接诉诸因—果(或刺激—响应)序列，只涉及单原因的模型。越愈认识到对这些假设缺乏令人信服的证实反映了我们对现实过于简单的看法，相信通过把构成经验世界的各种相互关系分离为很小的部分就能推进解释。

人文地理学者需要对付其主题的复杂性这一认识，与对系统之兴趣的发展有关。下个简单的定义，一个系统就是一系列元素，各具某些属性，以一种特定方式联系在一起。各种联系（元素之间的某种流）的活化作用操纵着系统。因此在系统和有机体（参见第8页）之间作类比是贴切的。元素之间联系的性质不仅支配着系统的运转，而且在恰当的地方支配着系统的演化。变化过程被纳入系统内部。

任何系统都是简化了的，因为它象征着把现实的某一部分从其外围环境（这可以表示为其他系统）中分离出来。任何系统独立存在的正当理由是，它能相对地自我牵制因而提出了一个感觉得到的研究焦点。系统及其环境之间的联系将可能使之活化，而系统本身又可能向环境释放某些输出物。这样，系统概念已发展为一个有价值观点，可表达人文地理学者所研究的那些现实方面的复杂性（见：Bennett and Chorley，1978）。

有几个作者，其中包括哈维（Harvey，1969，Chapter 23），都已论述过系统方法。最热烈的鼓吹者是乔莱（Chorley），他认为系统方法特别提供了综合人文地理学与自然地理学的有价值手段。通过关注于相互作用、相互联系的各种成分所组成的系统，而不是作出简单的因—果假设：

> 系统方法已照亮了思想，澄清了目标，并贯穿进理论和技术的深层（Bennett and Chorley，1978，p. 540）。

某些地理学者被普通系统分析所吸引，它与实证主义关于科学统一性的观点一致，认为在多种系统的组织之间存在着显著的相似性，对这些相似性的研究可以很好地为地理系统研究提供有益的

类比。（见：Chisholm，1967；Harvey，1969）

系统方法的基础是实证程序的模拟阶段，因为系统分析的目 45
标是正确地表现系统内的相互作用，而不是抽出少数几个能服从经验检验程序的简单关系。（系统模拟的一个充分阐述是 Huggett，1980）这种模拟认识到，除非作过分简单的抽象，大多数相互关系都不是 $B=f(A)$（即 B 的值是 A 值的一个函数）这种简单形式。一个系统在以下系列（即它们在时间上陆续起作用）中才能完善地构筑：

$$B=f(A)\quad C=f(B)\quad A=f(C)\quad D=f(C)\quad B=f(D)$$

这个系列图示在图 1 中。

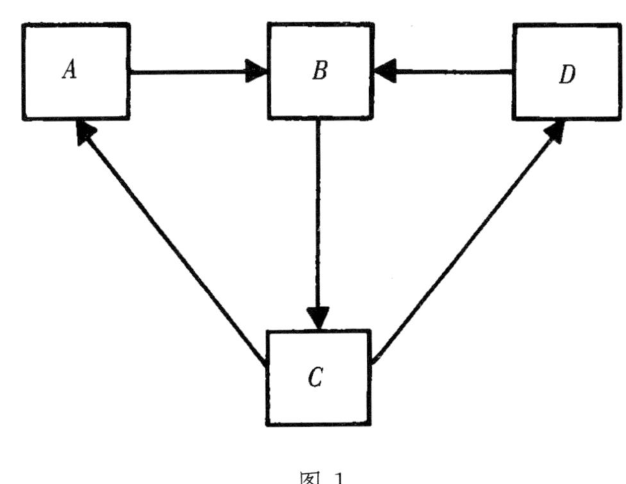

图 1

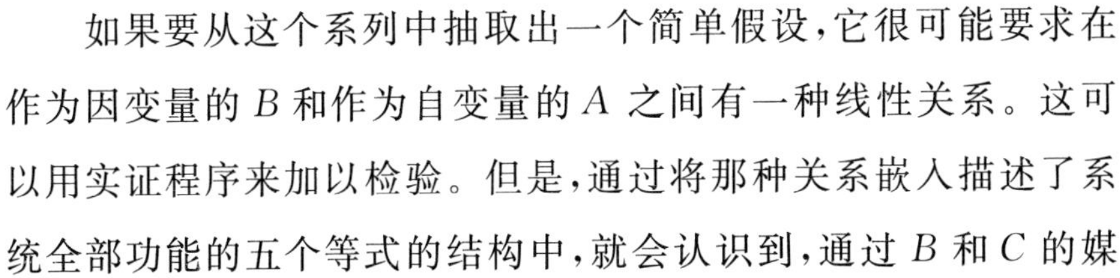

如果要从这个系列中抽取出一个简单假设，它很可能要求在作为因变量的 B 和作为自变量的 A 之间有一种线性关系。这可以用实证程序来加以检验。但是，通过将那种关系嵌入描述了系统全部功能的五个等式的结构中，就会认识到，通过 B 和 C 的媒

介，实际上 $A=F(A)$。（另外，D 也通过 B 和 C 影响 A，因此 $A=F(A)$ 并不是一个完整的陈述。）这就是一种反馈效应，A 在某一时刻的状态部分地影响着它在下一时刻的状态。

系统方法声称有几个优点。首先，由于研究的是整体而不是整体的部分——是全部系统的作用而不是系统的少数几个要
46 素——地理学研究就更接近现实。因此又有第二，即认为它的解释更加综合，因为系统无所不包。所以，

> 无论我们的哲学观点会是什么，在方法论上系统概念对于发展一种满意的解释是至关重要的，这点已很明显（Harvey，1969，p. 479）。

最后，由于解释更为满意，其结果就更为实用。如果地理学中的系统分析能比实证主义科学概念的其他应用提供更好的预测和解释，那么它就为操纵系统——为社会控制——提供着更好的工具。

在人文地理学内部，引入系统分析和模拟复杂相互关系的尝试已是某些经济地理学领域的特点，尤其在与国际、区域或城市范围内经济增长有关的那些领域。一个典范实例是普雷德（Pred，1977a）关于城市增长动力学的研究，其基础在于用输入—输出公式表示一种经济结构。他的初始陈述指出，由于系统的性质，城市增长成为自我生殖的。城市中一个产业的扩展通过它所提供的额外购买力和它对其他产业产品越来越多的需要而导致其他产业的扩展；这第一轮扩展又引起更大的第二轮扩展——其他产业本身又对地方经济提供额外购买力——如此往复。他在后来的研究中

揭示了这种自我生殖增长如何有利于某些地方——主要是大城市，又如何使另一些地方遭受歧视，导致聚落在区域或国家系统内相对重要性的改变。很多关于各种系统的这种研究一直停滞在建模阶段，因为要获取数据来检验作为整体而不是作为一系列分离假设的模型，还有一些问题（某些例子可参见 Bennett and Chorley，1978）。然而系统方法的引入已使人文地理学在专门技术上有了重大收获。

诸如以上那些方程联系起来的系统引起了一些校准（将方程与数据拟合）问题，尤其是在对系统的认识不完备和对全部联系取不到数据时。于是，上述方程（图 1）包括：

$B=f(A)$

$C=f(B)$

$A=f(C)$

可简化为 $A=f(A)$，除非必须肯定 $A_t=f(A_{t-x})$，即是说 A 在 t 时刻的值是 A 在前一时刻（$t-x$）的值的一个函数，x 单位在先。（这还可推广为 $A_t=f(A_{t-x}, A_{t-2x}\cdots)$）这样一种关系有时称为"黑 47
箱"，有时也称为**工具主义**（Gregory，1980）。研究者知道，A 影响其他一些事物，而这些事物本身又影响 A；他不能够把那个"其他一些事物"分离出来，所以只能校准一个陈述 A 影响 A（归根到底）并为他提供估计或预报 A 之未来值的一个预测工具的模型。（若为一般了解，可见：Bennett，1979b。）

对作为空间科学的地理学的一项重大输入是把空间分量引入到系统分析中。特别是通过关于空间相互作用——尤其是关于空间扩散（见上文，第 37 页）——的研究，地理学者已认识到，不仅

$A_t = f(A_{t-x})$

即 A 在任一地点上时刻 t 的值是 A 在那里的前值的一个函数，而且

$A_{it} = f(A_{jt-x})$

这里，A 在地点 i 时刻 t 上的值也是它在地点 j 时刻 $t-x$ 上的值的一个函数；这个函数的性质——j 上的值影响 i 上的值的程度——常常被设想与 i 和 j 两点之间的距离有关。空间分量和时间分量相加，就把方程扩展为：

$$A_{it} = f\left(\sum_{k=1}^{x} A_{i,t-k}\right) + f\left(\sum_{j=1}^{n}\sum_{k=1}^{x} A_{j,t-k}\right)$$

这里，A 在地点 i 和时间 t 上的值是它在那点上每一先前时刻(x 以长度 k 为单位)的值(方程的第一项)，以及它在每一先前时刻和系统内每一其他地点(n)上的值(方程中的第二项)的一个函数。这样一种系统模型可以用来表示诸如农业市场上价格的空间变化，因为一个市场上的价格与那里先时的价格和相邻市场的价格两者都有关系，后者的影响反映了它们离正研究市场的距离(Martin and Oeppen，1975)。此类方程的校准(即把它们与数据拟合)，就是在技术上对数据的要求(Bennett，1979b)。

所以系统方法是这样一种方法，其中整个模型就是一个假说而不是各种不同假说的来源。这样，由于其更为全面的方法，它对解释各种事件就提供了一个更强烈的激励。然而由于它的一些技术问题，其应用尚不广泛。特别在模型不确定时更是如此，以致由于说明不完全或由于有作为系统内一个因素的随机性，这些模型只能提供附有条件的预测。因此，任何现实——世界中的实际模

式——都存在大量的情况。查普曼(Chapman,1977)由此认识到，一个系统是一个客体集合，它可能有很大数目的潜在状态，人文地 48 理学者的任务就包括鉴定这个可能集合的性质和观察所产生情况的可能性。威尔逊(Wilson,1970)在他关于交通流的研究里把这一方法发挥到了极点，他利用关于系统的某些信息(工人住在哪里，工作地点在哪里，运输联系是什么)来提供关于系统“未知事情”(上下班人流)的最佳估计。因此他的模型是一个可检验的预测。如果模型是一个弱预测(当然，首要问题又是：什么是一个满意的证实)，他就返回模型，重新校准它来试一试，并改善其拟合(这种程序的其他应用包括从已知属性中估计总体未被度量的属性：Johnston,1985b)。

系统方法使隐伏于实证主义社会科学概念中的自然主义假定更为明晰。对人文地理学者来说有兴趣的那些系统都被当作**仿佛是一些机器似的**，由一些少有或根本没有独立存在，而且在系统中的地位已预定了的、联系着的、起作用的部分构成。这就与由默顿(Merton,1957)提出的社会学结构——功能主义方法联系起来。按照这种方法，一个系统(例如一个社会，或诸如个别组织那样的社会成分)由一系列元素组成，其中每一元素都有与系统目标有关的固定位置和功能。因此系统的性质是确定的，且易于分解。它的动态变化也是确定的。各元素之间的关系可能并非不可变动。然而发生的各种变化起因于系统本身的作用(正如最近人文地理学的数学研究所显示的那样，这些作用可能是极其复杂的：Wilson,1981)，因而变化源于内部而不是外部力量的作用。鉴定出导致变化的这些力量就为更精致的系统控制提供了一个基础，而这就是研究前沿上的工作目的。

实证主义、经验主义和经验研究

在人文地理学中(也像在其他社会科学中一样:Plat,1981),实证主义这个词被一些人恶意地用来攻击那些——按照这些批评家的说法——研究中采用了“实证态度”的人们。特别是数量化有时被等同于实证主义(正如 Sayer,1984 所隐含的),以至于数量研究(其中有些是自称为“数量地理学者”的人所为:Bennett,1985)成为反实证主义批判的焦点。对此的反应是强调:虽然许多经验分析在使用来自自然科学的某些方法步骤方面非常严密,但它并
49 没有促进对普遍规律的探寻。因而根据吉登斯(Giddens,1974)对“实证主义态度”的定义(见 p. 18),第一项假定(基本上是实在论假定,见 p. 28)被接受了;第二项(类似规律的普遍性形式化)没有被接受;而第三项(社会工程假定)也许被接受了。

如果反实证主义批判的基础是错误地将数量化等同于实证主义,那么可以找到有力的证据来支持对这种批判的反击(Johnston,1986b)。数量化是一种能够用于本书提到的任何思潮的工具,正如莱(Ley,1974)的费城社区人本主义研究及阿彻和泰勒(Archer and Taylor,1981)的美国总统选举的实在论分析中所体现的那样。例如关于因子分析,泰勒(Taylor,1981)做了如下表述,它

> 最好被认为仅仅是一种度量技术……任何采用这种工具

> 的研究最终都不是在技术层面上，而是根据该研究背后的整个社会模式来评价(p. 251)。

实际上，舒纳德、芬彻和韦伯(Chouinard, Fincher and Webber, 1984)认为：实证主义和实在论思潮两者的经验研究过程具有许多相似之处(参见 p. 111)；它们都按照所研究的经验世界提出假设，然后利用统计程序评价这些假设，只是前者在创建规律的过程中应用了这些评价的结果。

那些保卫数量研究而反对把它等同于实证主义的人们认为，这种简单的偷换概念意味着对许多经验性工作的极大歪曲。不可否认，有一些经验工作确实植根于实证主义的土壤：例如贝内特(Bennett, 1981a)认为这些工作

> 自觉地寻求客观性、技术性专门知识、空间描述和归纳方法，以图揭示可用于计划和控制的普遍规律(p. 13)。

他自己的情况是：客观性、技术性专门知识和实际应用是人文地理学的理想方面(因此他倡导“应用数量地理学”：Bernnett, 1985)，但对规律的探寻则不是。但如果没有规律——或普遍性——技术性专门知识的结果如何能够被应用呢？

戈列奇曾经提出过一种类似的(实际上似是而非的)辩解。作为对邦廷和格尔克(Bunting and Guelke, 1979)对行为地理学批判的回击，他辩解道(Golledge, 1981)：

> 在逻辑实证主义哲学和实证主义哲学之间存在着本质区别。后者虽然和科学程序紧密联系到一起，却不像逻辑实证主义那样在任何地方都有认识论方面的约束(p. 1333)。

他既没有说明那些约束是什么，也没有清晰地阐明他从实证主义
50 方法中导出的“分析地理学”的含义(Couclelis and Golledge,
1983)。恩特里金(Entriking，1976)被好意地引用来将“科学地理
学”定义为：

> 一种基于经验观测、结论之公开可证实性及重视将事实与价值区分开来的方法(p. 616)。

很明显这不是完全的“实证主义态度”。但恩特里金的下列说法也被引述：

> 描述、解释和预测是科学方法的重要方面(p. 631)。

这就通过解释和预测两个词引入了“实证主义态度”的所有假定。戈列奇(Golledge，1980)用自己的语言支持这种说法，他以下述方式来为行为地理学进行辩解：

> 通过揭示个人行为模式及促进对这些模式之根源的认识，研究者能够将总体聚集成有意义而重要的子集，以至于对这些特定的子集能够进行有意义的概括(p. 16)。

最后，他和拉什顿(Golledge and Rushton，1984)认为有必要重新修正行为地理学。拉什顿(1969)在一篇研讨文章中对空间里的行为研究与空间行为做了区分：前者定义为对被观测之选择的经验描述，而后者定义为用以评价可选区位和随后作出选择的规律的探寻。前者是经验研究，后者由于使用了“规律”这个词而隐含着一种实证主义方法。戈列奇和拉什顿(Golledge and Rushton，1984)显然倾向于后者。他们批判那种似乎“一再强调空间里的行为的范型”趋势，且悲叹：

> 行为的缘由——学习、选择、偏好形成、机遇序列认知等等的动力——在某种程度上再次被忽略了(p. 29)。

在最近的工作中，戈列奇等人(Golledge et al.，1985)已经促进了人工智能模型在行为描述中的应用，这显然意味着行为的普遍规律是存在的。

数量经验研究不一定就是实证主义的，但是贝内特和戈列奇为使多数此类研究与认为它们实际上是实证主义的说法保持距离而提供的辩解是没有说服力的。事实上相当数量的研究最好称为“数量经验主义”研究而不是实证主义研究，因为它们显然接受了，吉登斯关于“实证主义态度”三假定中的第一个，但对另外两个并 51
不明确。这种倾向的发展至少部分上是对早年“数量革命和理论革命”中广泛应用的标准模型导致的显而易见的失误的一种反动。例如，工业地理学者们抛弃了作为早期工作催化剂的区位理论(参见第 36 页)而转向进行某些题目的描述性分析，诸如制造业在内城的萧条(例如:Lloyd,1979),政府政策对就业之区域分配的影响(例如:Keeble,1976),以及小城镇的工业发展(Fothergill and Gudgin,1982)。这类工作是独特的和实用主义的,其假设(如果曾被表述出来)并不与任何理论紧密相关;显然也很少努力建立任何类似规律的普遍性。按照舒纳德、芬彻和韦伯(Chouinard,Fincher and Webber,1984)及塞耶(Sayer,1982,1984)的观点,这是一种非理论研究;由于缺乏明确的理论导向而使其结果的含义难于解释。它

> 对地理学者们提出了代考察的新奇问题,但它与以前理论的隔阂使得这些问题和事实大可质疑——特别是在应该调查哪些变量和如何解释结果方面。用证据来评价理论的思想没有成为这个传统的一部分(p.351)。

因而,有所发现数量经验主义可以成为其他研究领域有价值的输入(p.46),但它本身对于知识的获取并没有实际价值——因为是反信息。

不过,至少是有一些数量经验主义研究具有应用的导向,因而满足了吉登斯的第三个假定。例如,贝内特(Bennett,1980)在其关于《公共财政地理学》的著作中提出了一个描述

> 谁从公共财政中获得什么利益是这个人居住于何地的函数(p.1)

和一个标准型的组分

> 在普遍意义特别在地理组成的意义上，公共财政的目的是消除（或者至少是减少）社会中各个人之间的不平等待遇（p. 7）。

他工作的结果既是规范的又是实证的，它试图既描述又建议——例如应用控制论提出英格兰和威尔士政府资助的最佳分配（Bennett，1981b）。这是一种普遍趋向的一部分，在其中，系统被模拟以致能够提出控制策略并执行以“操纵社会经济系统”（Bennett
and Chorley，1978，p. 443）；这就隐含着行为主义和社会工程两个 52
假设，因而符合了吉登斯的所有三项假定。

经验主义、实证主义和经验研究不是一回事，而且数量化也不是某一哲学独有的。但是在人文地理学领域，许多应用数量方法的研究更接近于实证主义而不是其他哲学思潮。相当数量的研究工作是经验主义的，它假设现实可以用中立的态度加以观察和描述，但作为经验主义基础的理论却发展得很缓慢。所有的经验主义都有理论基础，因为如果没有知识理论就不可能按照约定的概念来将观察结果加以分类。正如塞耶（Sayer，1985）及舒纳德、芬彻和韦伯（Chouinard，Fincher and Webber，1984）所阐明的那样，问题在于贫乏的理论导致难于解释的观察；塞耶（Sayer，1984）就“服务业”这个涵盖了从自来水工程到国际金融等不同行为的、无所不包的范畴对此作了阐明。某些工作明显趋向于发展普遍性。其他一些则不是，但是声称它们能够被用于政策领域和调控未来，这意味着接受经验的普遍性。

对实证主义的批判实质上仅集中在数量过程的应用上，因为解释的概念赋予这些过程在该关联域内应用的特征。根据“实证主义态度”，自然科学方法的应用包含了一个特定的解释概念：任一事件都可被计为某一类事件的一个样本。对所作之解释的检验就是其结果的规律性，许多数量化工作都隐含着这种规律性。然而对一个实在论者，例如塞耶(Sayer，1985)

> 导致某事发生的原因与其发生的次数或被观察到的发生次数无关，因而与它是否构成一种规律性无关(p.162)。

因为规律性意味着该事件周围环境的连续性。对实证主义的批判集中在从数量经验分析中导出的含义上，而不是在所用过程的性质上；方法和目标、手段和结果，千万不可以混为一谈。

小　　结

实证主义的科学概念，是一条以明确限定的认识论和本体论立场为基础来获取知识的特殊途径。其认识论——即关于知识的性质和如何才能获得知识的陈述——建立在经验证据及如何获得经验证据的基础上；对世界的解释要通过对世界有结构(即理论引
53 导)的观察而获得，例如普遍性范畴(组成性规律)和关系(功能性规律)。其本体论——关于存在什么的陈述——支持这一点，并认为只有可直接观察(对很多人来说还要可直接度量)的东西才是可

接受的证据。其方法论是通过假设—演绎的发展走向解释,并强调证实可重复的“试验”才是假设之真实性的唯一证据。

这样一种哲学对于自然科学的有效性是显然的。可以发展关于自然的理论,建立其某些特殊方面的模型,得出关于某些关系的假设,并设计试验来检验它们的合理性。成功的试验很可能以其进行和报告使其他科学家也将接受其发现,这类试验有两个后果。第一,它们增加了知识的积累,增加了以能与其他信息联系起来的方式构造起来的信息的积累:它们为普遍规律和一般理论提供了基础。第二,它们提供了预测在一定情况里下一步将发生什么的手段,这就不仅得以预见而且也得以操纵。如果一个人知道做某些事情将产生另外一些事情,那么当他不想要后者时可以避免它,想要时可以产生它。

这一概念对社会科学的诱惑力在于它能推进解释,提供社会知识而不是积累事实。它能预测,这种预测给社会以关于社会本身的预见。它还能为社会控制,为按照某些目标管理社会提供手段。此外还有很多其他的次要特点吸引着社会科学家,例如对行为作出有效陈述的能力。所以,由19世纪的孔德提倡的实证社会科学日益具有诱惑力,不仅对那些一直试图推进知识、推进他们的学科并推进他们本身的社会科学家是这样,而且对那些领悟到获取有用信息之潜力的科学家的雇主也是这样。

如前所述,第二次世界大战后在人文地理学中采纳实证主义的科学概念,导致了对地理研究重要的重新认识。实证主义方法的某些方面得到重视,如度量、数据采集、假设的统计检验;而另一些方面却被相对地忽视了。其结果就是力图建立空间关系、显示各种分布之间的相关并用这些相关的眼光来说明特定地方之特征的大量工作。某些人根据知识——与信息相对照——对大多数这种工作的价值提出质疑，因为它缺乏理论连接而且与真实解释似乎也不相干。（对另一些人来说，正如前文指出的，这似乎还是一种益处。）在技术方面，工作在短时间内已开展得更为精致；在实质
54 方面也探讨了大量论题。描述精确起来，但认识推进了很远吗？

对地理学来说实证主义思潮的问题可归为两类。第一类反映了基特（Keat，1981）对前文讨论的实证主义主张的罗列。实证主义的科学概念是通向知识的唯一途径吗？实证主义对社会问题提供了合理的解决办法吗？实证主义有价值自由吗？第二类与此有联系，是关于认识论和方法论的。经验（通过试验构筑起来）是获得知识的唯一手段吗？现象环境是为解释提供证据的唯一源泉吗？解释是可行的吗？数学模型对人的研究是有效的吗？通过科学来控制社会是合意的吗？人文地理学者们已采纳的哲学是实证主义科学概念的哲学。逻辑实证主义的哲学认为只有用这种方式才能获得知识。人文地理学者们一般说来虽然未接受后者，但还是可以问一问他们已从实证主义立场上研究过的主题是否适宜以这种方式来研究。人文地理学是否过分地陷入了实证主义的模子？它还会是别样吗？

第三章　人本主义思潮

人本主义思潮的基本特征是它们关注于作为一种有思想的生 55
命，作为人类的人，而不是作为一种以有点机械的方式对刺激作出反应的非人性者；而在实证主义和结构主义的社会科学中就以那种机械的方式来表达或多或少有感情的人。人本主义思潮有各种各样，因此没有公认的共同名称。它们的共同要义是强调人本来面目的研究，而研究者的先决条件要尽可能地少。其目标是认识人类活动的真实性质，这个目标以及为达到这个目标而设想的手段就代表了社会科学哲学的发展，而不是对为其他研究领域而发展的哲学的采纳。

人本主义研究种种

社会科学中的人本主义思潮非常丰富多彩，它们在很多方面大异其趣，但关于社会科学的重要主题却大致相同，这就是观察者和被观察者两方面的主观性。它们的目的是考察这个主观性（尤其是被观察者的主观性）；这一目的的确切性质和可借以达到这一目的的手段，一直是各主要人本主义学派之间和学派之内激烈争论的原因。像前一章一样，本章不准备详细地回顾这些争论的历史和评论它们的性质，而是阐述三种重要人本主义方法的主要原理，这三种方法都曾经被认为与人文地理学研究有关联。

理　念　论

理念论是一种具有悠久历史和深厚传统的哲学。它的基本原则是：一切现实在某种方式上都是某种精神构筑，所以世界不会存在于人对它的观察和表达之外。这个原则很久以来就被提出来反对实证主义的认识论及其对客观证据的强调。正如尤因(Ewing，1934)指出的，对某些人来说，理念论包含一种信仰，即人对宇宙的
56 认识是由各种精神价值决定的。但是他主张的这个观点只是一种狭义定义，理念论还包含更为广泛的哲学范围，它们

> 都有一个共同观点：不可能有离开某种经验而存在的有形客体。倘若我们把思想看作经验的一部分，并且不按“经验”的被动性来意指；倘若我们不仅把人类经验，而且……也把上帝的经验包括在经验名下；那么大概可以把这个观点当作理念论的定义(p.3)。

这就需要对有形客体下一个定义。尤因认为归因于某个理念论者的这一立场取决于接受下述三个论点中的一个或多个：

> (a)因为关于知识的普通理论认为没有任何客体能离开某个正在求知的头脑而存在；(b)因为理念论者认为事物的

> 一定特点在逻辑上意味着某个正在经验或正在思想的头脑；或者(c)因为他认为各种有形客体虽然并不意味着就是它们所依赖的某个头脑，但它们本身就具有经验的性质，或者就是某种类型的有形实体(p.5)。

因此，根据理念论观点，人建立他自己的世界图像，他的活动就基于这个图像范围。这个图像的性质在某种程度上是由它之所以要建构起来的目的决定的，但是，

> 我们在认识中是积极的，绝不会通过知觉或通过被动地获取资料仅仅只得出事实，而总是根据预想的理论(虽然通常还没有清晰地系统阐述)来理解事实……没有思想，我们就不能……领悟现实(Ewing，1934，p.235)。

人作为一种积极的生灵发展着理论来指导他的活动。这种指导包括未来的思考方向、对知觉的解释以及决策的性质。理论是通过归纳，通过学习过程发展的，新知识在这个过程中被结合到理论中去。

为了发展理论，为了评价和解释证据，必须使用一些标准。所以理念论的核心就是其一致性理论，它包括真理的定义、对现实性质的说明和真理的标准(Ewing，1934，p.195)。对实证主义者来说，当一个命题符合客观证据时它就是正确的；对理念论者来说，当它与已接受的理论一致时它才是正确的。一致性意味着关于世界的某种成系统的观点：

> (a)每一事物都是由因果关系决定的;(b)每一事物都直接或间接地与其他事物有因果联系,因此宇宙中不存在因果上独立于它之外的所有事件的事件系列;(c)因果关系包含逻
> 57 辑上的继承关系,因此凡是因果上不可能的事,在逻辑上相对于该因果系统的其余部分也是不可能的(Ewing,1934,p.231)。

这样,一切新知识都必须纳入现存理论的轨道——必须符合逻辑地把它与理论联系起来——因为理论就是关于某个相互依赖的世界的理论。所以为了使理论一致,它最终必须是综合的。但这只是要试图达到的目标而不是现实,在这个过程中

> 单独从其余部分得出的主张并不否定这其余部分(Ewing,1934,p.234)。

理论通过学习建立起来(如果必要还要加以修改);因为一个理论中的知识必须一致,所以一种理论的检验在于二者取一的推理:"相信这个或者什么也别相信"。一个人固守一个信念直到持这个信念似乎要在其他部分的理论中产生不一致性时为止。

这样,理念论就是一种认为知识完全是主观的哲学。知识由各种个人根据他们自己理论系统来整理;理论系统又用新知识的眼光来加以修正,但是其真理标准对理论来说是内在的——"它全都彼此符合吗?"——而不是外在的。根据这个观点,研究人类决策就包括研究决策者和指导他们的个人理论。

这种理念论哲学在某些历史学者中得到赞赏，他们曾为反对实证主义观点而争辩。对某些人来说，如果历史服从一定规律和普遍性的话，实证主义观点就提出了一个历史借以展开的预定进程表。因此，在科林伍德(Collingwood,1965,p.36)看来：

> 在历史中展现的进程表是一个不会先于历史本身的展现而存在的进程表；历史是一出戏，而且是一出即席演出的戏，一出由它自己的演员合作即席演出的戏。

按照这种比拟，科林伍德认为历史的每一部分都有其自己的情节，而历史学者的任务就是揭示这个情节：

> 在历史中寻找一个情节意味着以历史的个性来看历史，把历史中的每一事件看作是不可重复的独特整体中的一个不可重复的独特要素；而在历史中寻求普遍规律的个案，则意味着不能将历史的个性加以组合，是把历史中的每一事物看作是某一已准备好的类型的多次重复，把整体看作是此类重复的混乱拼凑(Collingwood,1965,p.210)。

因此科林伍德的历史哲学是一个学科的哲学，它

> 试图研究人类精神活动，但不是像艺术家那样通过建立人类精神活动的虚构实例，也不是像心理学者那样通过以某种抽象类型的机械表演来代替人类的精神活动，而是通过精

> 神活动的全部现实性来理解它们(p.47)。

58 他研究了作为个人理论之结果的人类决策。

在科林伍德的历史哲学里，理念论不仅适用于历史学者的研究客体，也适用于个别历史学者。他也发展着关于过去事件的各种个人理论，吸收着新的知识，并把某种一致性理论及其关于真理的标准用作评价解释的方法："它全都彼此符合吗?"由于缺乏关于历史"事实"的确定性，他必须部分地这样做。这位历史学者建立起一种理论骨架：

> 某种关于特别值得注意之事情的研究假设，在揭示这些事情发生过程的性质上特别紧要的研究假设。事实上……历史并无骨架；当我们充分理解任一历史事件时，其中的每一要素看来就和其他要素一样紧要；但由于我们的无知，就不可避免地会产生一种具有骨架的视幻觉(p.39)。

然而这种骨架很可能总是不完全的。确实，会有很多骨架，代表着各历史学者的个人观点，对他们所能得到的信息，以及这些信息如何用来为早期事件提供他们的解释和重建，行使着个人的判断。因此，

> 每一个人都把他自己的精神带到历史研究中……在历史中消除这种"主观因素"的企图总是不可信的——它意味在要求别人放弃他们的观点的同时却保持你自己的观点——也总

是不成功的(p.138)。

所以,科林伍德的历史哲学是一种以他称之为历史想象力的东西为基础的哲学。过去的每个事件都具有他称为外表和内情的东西(Collingwood,1946,p.213)。外表由与事件有关的可观察到的情况组成,而内情则包括事件后面的各种思想。一个历史学者必须研究这两个方面:

> 他的工作可以从揭示一个事件的外表开始,但绝不能到此为止;他必须时刻牢记:事件是一个行动,他的主要任务是把自己放入这个行动中去思考,以便判断其行动者的思想(Collingwood,1946,p.213)。

所以,历史研究就包含着“精神知识”,它要求历史学者把自己放入有关行动者的特定关联域中去,以便能重现思想和行为这两个方面。

这种理念论的历史学比之科林伍德称谓的“常识历史学”走得更远。后者以记忆和权威为基础:记忆包括行为者们的陈述,就像各种概况教本中的那样;权威则暗指相信记忆。但是历史学者不一定非从这些陈述的表面价值上来看待它们,他必须让它们经受批判,检查它们符合他的“虚构建筑网”的程度,检查它们符合他关于行为者们如何和为何为其所为的理论的程度。为了强调这一点,科林伍德在历史学者和小说家之间作了一个比拟,并且用侦探故事作为一个例证。 59

> 他们中的每一个人都把构造一幅图画作为自己的事业，这幅图画部分是事件的叙述，部分是形势的描述、动机的展现和特征的分析。每个人都旨在把他的图画弄成一个一致连贯的整体……小说和历史都必须在那两方面讲得通……它们的不同之处在于历史学者的图画意味着是真的(Collingwood，1946，pp. 245—246)。

为了达到真理，历史学者受到三个规则的约束：其主题必须置于地方上和时间中；各部分必须互相一致；其构图必须与可得到的证据相一致。

理念论历史学包括重建各个行动的特定关联域。历史学者要重新思考其主题的思想，思考方式既要与他的整个概念(这些思想是其中之一部分)相符，又要与可能得到的证据相符。按照这些标准就会认为一切探究都是历史学的，无论它们关注于寻求重建其本人思想的个人，还是关注于研究其他。所有的人类行动一旦表演出来就成了历史，而且只有通过应用理念论方法和进行历史学想象才能得到解释(见：Hirst，1985)。

实 用 主 义

实用主义哲学是于19世纪晚期到20世纪早期在美国发展起来的，其始作俑者最初是查尔斯·皮尔斯(Charles Peirce)和威廉·詹姆斯(Willian James)(Ayer，1968)，后来是约翰·杜威(John Dewey)、刘易斯(C. I. Lewis)和乔治·赫伯特·米德(George

Herbert Mead)。如同理念论一样，它的基础是相信行动是由意图，由对世界的主观解释构筑的。这些解释要根据其实践意义来评价，因而真理被定义为足以构成信念的东西，之所以足以构成信念，或是因为信念得以实现，或是因为（如同宗教信仰的一些方面）它有益于信仰者个人的满足程度。这就导出了以下简单定义：

> 实用主义……按照意图和知识在经验中所起的作用，根据有问题之情况的调节和解决，来定义意图和知识（Beck，1969，p. 515）。

和

> 实用主义是一种认为思想的意图和真理性（在某种程度上）要由实践用途标准来决定的学说（Thayer，1973，p. 5）。

塞耶认为后者是一种不够准确的概括，因为若干古老哲学都具有功利标准的特征。他自己的完整定义是： 60

> 知识、经验和现实的理论包括：(a)思想和知识是从生物和社会方面演化出来以适应并控制经验和现实的各种程式；(b)现实具有过渡特征，而思想是实现和满足我们兴趣和目标的向导；(c)所有的知识对未来的经验都是有价值的，思考的作用在于从经验上预测未来的经历和行为后果，这样就把未来观察和经历的情况组织起来了。思想是一种行为过程，

> 要在有控制地实现能够选择、预计和计划的未来经历中加以证明(p. 227)。

因而随着信念的实现,社会也发生改变。要考虑到各种可能性,并且根据“行为发生于其中的普通情况和条件”赋予它们各种意图(p. 225)。然后根据功利标准作出选择(思想是工具,“人通过理解工具的用途而理解工具”),结果是:某些未来的可能性被否定了,而另一些得到认可。因此我们生活在一个“可塑的世界”中,我们对它作出推测和采取相应行动;知识是通过实践经验和教训发展起来的。(所以艾尔〈Ayer,1968,p. 15〉宣称“波普尔教授为之欢呼的我们这个时代的科学方法理论,早就在很大程度上被皮尔斯预见到了”。)

但对于皮尔斯和实用主义者来说,真理不是信念的同义词。信念的根源是他称之为实在的东西,它(Thayer,1973)

> 不被我们如何看待它所影响,它影响我们的感受,进而使我们思考(p. 65)。

因而对于每个问题都有一个真正(或实在)的答案,人类的思想虽然具有其不准确性和局限性,却总是朝着这个答案——最终观点——运动。这种运动是通过使用假设—演绎的争论和对其命题进行经验检验等科学方法进行的,但是(Thayer,1973)

> 既然我们除了借助概念解释的手段之外无法接近实在,

> 那么在实用主义看来，实在就是思想在最终观点中把它表达成的那种东西(p.66)。

我们寻求最终真理——但永远不能肯定我们认识了它！

根据乔治·赫伯特·米德建立在皮尔斯实用主义之上的社会行为主义，实用主义的实践，信念之不断重建中经验、试验和评价的实践，是一种社会的而不是个人的行为。因此(Mead，1934)，

> 我们不是像在社会心理学中那样根据组成社会群体的单独个人行为来构建社会群体的行为……我们试图……按照社 61
> 会团体的有机行为来解释个人的行为……整体(社会)先于部分(个人)，而不是部分先于整体；根据整体来解释部分，而不是根据部分来解释整体(p.7)。

因此，

> 个体的行为只能根据他作为一分子的整个社会群体的行为来认识，因为他的个人行动包含在超越他本人并牵涉该群体其他成员的更大规模的社会行动中(p.6)。

这种相互作用的观点极大地影响了帕克(Park)和伯吉斯(Burgess)创立的社会学芝加哥学派(见：Jackson and Smith，1984)，并且成为那里进行的许多详尽人种学研究的基础(用伯吉斯和博格〈Burgess and Bogue，1967〉的方法，称为“同情地内省”，类似于参

与者观测）。这种社会相互作用在各个地方都发生，态度和信念就通过这种社会相互作用得到学习和发展，并产生了帕克称谓的“自然区”：“一种城市自然结构中具有自然标识并以聚居其内的人们的态度、感情和兴趣为特征的单位”（Zorbaugh，1926，p. 190）。于是，正如后面的观点（例如结构主义，第 114 页）也主张的那样，社会的建设和重建——用皮尔斯的话说是寻求真理——是一种空间上定位的活动。

参与者调查是作为揭示这些自然区的内容而提出的方法；它包括使研究者成为被研究社会的一部分，以便对它的信念及这些信念在其应用效果的特定关联域内如何被重建进行评价。它可以采取多种形式（Gold，1958）。例如，作为观测者的参与者，是指一个研究者要彻底融入该社会并成为一名主动的成员与他人发展关系，以便能够“从内部”报告其行为。相反，作为参与者的观测者，则是指保持接触但调查和报告过程中只有很少的（如果有的话）主动参与。（方式根据特定情况而不同；例如，前者可用于一个农村社区的研究，而后者用于一家公司的领导层研究。）方法论并不与专门技巧相关联；观测和报道、正式会谈及构造调查表（包括数据的数量分析）在某一特定场合都会是有效的。关于这种研究的行为和报道会引起很多伦理问题，特别是在接触过程没有事先谈妥时（见：Barnes，1979；Mitchell and Draper，1982）。

62 这种参与者观察的结果可能只会被用作学术窥视癖，用作特定案例研究的见解，别无它哉。但这不是认为知识应该被用于指导未来的实用主义的目标。这确实是芝加哥学派工作的实情：伯吉斯和博格（Burgess and Bogue，1967）这样描述他们的志向：

> 理解和解释在贫民区起作用的社会—经济动因，及其在影响居住于此的社会—人事组织时的作用。虽然这是一种科学目标，但其后也有这样一种信念或希望：这种科学分析会有助于消除偏见和不公平，并最终能使很多贫民区居民的状况得到某种改善(p.5)。

而刘易斯(Lewis，1957)如此推出他经典的《拉维达》(*La Vida*)：

> 我希望更好地理解贫困文化的性质，这终将会导致对穷人及其问题采取更具同情心的态度，并为建设社会的行动提供更理性的基础(p.14)。

现象学及其亲属

现象学是一种建立在与理念论同样的基础上的科学哲学，这个基础就是：所有的知识都是主观的。现象学力图分析和鉴别主观知识的基本特点，以便不仅提供对人的认识，而且也具有通过揭示生活的意图和价值"使生活本身更有意义"(Spiegelberg，1976，p.79)的实践意义。所以它的

> 基本目标是直接考察和描述有意识地经验过的现象，不需要关于现象之因果解释的理论，要尽可能地摆脱各种未经考察的先入之见和预先假定(Spiegelberg，1975，p.3)。

现象学的发展是与德国哲学家埃德蒙·胡塞尔(Edmund Husserl,见:Farber,1943;Pickles,1985)的开拓性工作联系在一起的。其基础是前人关于如何研究主观事物的概念,并孕育了公认为现象学的各种广泛立场(见:Spiegelberg,1975,p. 10 中的罗列;亦可见:Wolff,1979)。此类研究的共同基础包括:

1. 相信人的研究应当摆脱任何预先接受的理论或关于人如何活动的推测。观察者关于世界的观点应当加以悬疑(暂时搁置起来——胡塞尔称之为圈进括号存而不论(bracketing)),以使解译不被违背主体的概念和潜在解释玷污。

2. 寻求对一个活动之性质的理解(用德文字 Verstehen 表达——见下文)或鉴赏是社会科学的目的,其目的不是寻求解释(这个词与实证主义及其对客观证据的强调联系在一起)。

63 3. 相信对人来说世界的存在只是一种在意向性活动中创造的精神建筑。只有当一个人由于某种指向一个要素的意图而赋予这个要素意义时,才能将这个要素带进他或她的世界。

于是,现象学的目的是重建各种个人的世界,重建在那里作为意图的储藏所的那些世界里的各种现象。这就导致了对那些世界里行为的某种理解,这与实证主义者的那种解释是不同的,因为后者是由分析强加的一种构成物,而理解则使用的是活动者的词语和概念(Enterikin,1976)。但是那个重建计划的性质又显然是五花八门的,这曾经使斯皮格尔伯格(Spiegelberg,1975,pp. 15—16)识别出五种现象学:

1. **描述现象学**——叙述各个人研究的生活世界里的材料(现象)。

2. **本质现象学**——现象之本质（本质特征或意图）的鉴别。这（有时通称为逼真的直觉）包括从被赋予意图的表面现象转移到所涉及的根本过程，研究

> 可用其本质概念中的直觉来分析的经验，而不是自然世界中真实发生的经验（Farber，1943，p. 211）。

这样，普遍本质就是从特定实例（如颜色）中建立起来的全称命题。详细情况则可作为此类普遍性（具有由主题而不是由观察者限定的关系）的一些实例加以研究。由此，现象学者们就可以转向对本质关系的领悟，转向各种普遍本质之内和之间的连接，转向主观理论用以发展的方式。

3. **外观现象学**——研究当意向性起作用并赋予了意图时本质如何成形。

4. **要素现象学**——本质以及本质关系作为已成意识部分的各种模式在发展，要素现象学就研究此类意识如何发展。

5. **解释学现象学**——对隐藏于意识之中，“对我们的直觉、分析和描述不立即显现”（Spiegelberg，1976，p. 695）之意图的解译。

斯皮格尔伯格认为并非所有的现象学者都接受或实行这所有的五种现象学。很多现象学者只实行描述现象学和本质现象学，认为其他三种都是不可能完成的任务，因为观察者不可能进入主体的精神中去。这些论点特别与某些社会科学（尤其是社会学——见下文第 68 页）中采纳的现象学有关。

因此，现象学的兴趣中心是通过研究赋予个人生活世界之各 64

要素的意图来理解人类行动。但是这并不是主观经验主义，因为它基于这样的信念：此类意图以及被各个人（包括实践科学家们）归入现象的各种特征，是存在于人类意识之中的普遍本质的产物，而且某些现象学者相信它们本身是能被鉴赏的。不仅如此，现象学的目标不但是理解，而且要通过理解、通过增加人类的认识来丰富生活。所以，

> 现象学方法与探索性假设相反：它把自己限制在直觉所见的直接证据上……它指定了一个坚决的企图，要通过显示出我们经验中迄今被忽视了的某些方面来丰富我们的经验世界……为多样化而[显示]某种无所不包的愿望……[或]不寻常地执着于考察现象的企图，并且甚至在考察它们以前就要保持对它们的忠诚（Spiegelberg，1976，p. 700）。

因此，它从研究"自然态度"，从研究各个人接受并生活于其中的生活世界着手，虽然在与各种要素的全部遭遇中会有疑点也不加置疑。在鉴别出自然态度的内容后，它就寻求把构成自然态度之基础的各种普遍本质连接起来，并从中寻求存在于意识中的绝对知识。

关于现象学的方法，常常用胡塞尔的一句短语来概括——"接近事物"（to the things）——解释为意指必须把现象（即赋予个人生活世界中各项目的意图）不经中介地传达给现象学者。因此必须增进对主体生活世界的接近。正如斯皮格尔伯格（Spiegelberg，1975，p. 46）认识到的那样，对主体之精神的完全接近是不可能

的，但是

> 这并不意味着我们对别人自身的感知一贯正确。它可能易受寻常的和某些不寻常的错觉影响，所有未经批判的甚至某些已被批判的感知都要经受那些错觉。虽然如此，这仍然是通向别人的全部知识的唯一可能门径。

斯皮格尔伯格提出几条进入这个门径的路子。例如，一个训练有素的观察者有可能在主体的行动中鉴别出（或许通过推理）某些感觉，并因而鉴别出一些意图。但这就产生了一个问题："我们可以像看见的那样看到他的眼睛，但是我们不可能看到他通过这些眼睛看见了什么。"（Spiegelberg，1975，p. 46）因此，不能由观察者来完成圈进括号的任务。然而由于我们不能通过别人的眼睛来看，所以必须找到解决那个问题的近似方法。斯皮格尔伯格提出两个方法。

第一个现象学的方法是**想象的自我易位**（imaginative self-transposal），它

> 要求研究者想象自己占据着别人的真实位置，并从那里观察世界，就像从这个新的观察角度看，世界本身会表现出的 65
> 那个样子……［研究者］尽其所能地在想象上适应别人头脑的框架。这种立场的思路要从别人的第一手感知中，和从可得到的他的传记的事实中导出……在想象中自我变换的能力，很可能是人类自身所具备的多种重要潜力之一（Spiegelberg，

1975,pp.48—49)。

这就是说,通过替代别人想象而不是通过感知,通过观察者力图把自己转换到主体的位置,并从这个位置上重建他或她的生活世界,就可以取得本质的见识。这是一种反映的方法。

第二个方法是共同遭遇和探索(cooperative encounter and exploration),一种与弗洛伊德(Freud)的精神分析有联系的步骤。主体与分析者以一种相互信任、相互尊重的关系共同着手探索前者的生活世界。在这当中,主体

> 通过把他[即主体]自己的看法——尽其最大的交往能力——交给现象学分析家自由处理,而为他[分析者]提供他[主体]操作基础的一种独特外延。现在分析者可以真实地利用[主体]的眼睛了……但他必须排除认为这些眼睛就是他自己眼睛的错觉。他们最好也不过是保持着一些新镜子,但绝不是无歪曲的镜子(Speigtlberg,1975,p.51)。

以这种方式获得的新材料不仅会增加分析者的眼力,而且会为实行想象的自我易位提供一个更好的基础。通过把这两种技巧结合起来,分析者和主体就能一起进一步深入到后者生活世界的意图中。

唯一的真正现象学是直接现象学(first-hand phenome-nology):通过纯粹的反映来研究一个人自身。上面所描述的那些方法只不过近似于真正现象学。这产生了很多问题。真理的标准可

以应用于自我研究，但既不能应用于想象的自我易位，也不能应用于共同遭遇和探索。因此研究同一主体的两个现象学者可能会得出不同的见解。不仅如此，还不能知道他们谁正确。（这后一个论点特别适用于描述现象学——详见下文。）或许最为重要的是，现象学的研究依赖交往，依赖相互主观性（使一个人的意图——赋予生活世界各要素的解释——对别人也有效）。这就不仅意味着关于主体和分析者之交往能力的一些特殊问题，而且更为普遍地产生了关于在语言中最经常表达的交往文本之性质的一些重大问题。正像吉登斯（Giddens，1979，pp. 40—41）争辩的那样，

> 一条鸿沟把作为语言之特定连接的文本与一个作者在写 66
> 它时可能已经具有的所有意图分离开来。

因此，

> 认为各种文本可以像有形产品那样明明白白地加以研究，就是坚持认为英语中最初使用“意图”的两种方式之间有某些联系，这两种方式是：某人要说、要写或要做的意味着什么，已说、已写或已做的意味着什么。

（这就是意向和解释之间的区别。）这给圈入括号的步骤造成了一些问题，因为分析者要把他对词语的解释悬置起来。

文本研究乃至任何类型的文化产物研究的主要任务之

> 一，必须是准确地考察产生它们的情势与它们后来逃逸出其创造者或创造者们的眼界后所维持的意图之间的可能成为直观的各种歧异。这些意图绝不会“容纳”在文本本身之中……行动的后果在具体化过程中经常脱离行动发起者的意向（p. 44）。

如果现象学的方法可以深入进生活世界并提供看透普遍本质的眼光，那么就能够追随现象学的其他方面。胡塞尔的目标并不仅仅是阐明个人的生活世界，他还试图鉴定在经验的个别主体被圈入范围存而不论后所剩下的绝对知识的性质。（这就是胡塞尔所谓的审慎态度〈epoche〉，只作“诸如勿信赖它们在空—时世界上的合理性之类的判断”，Baumann，1978，p. 119。）剩下来的就是

> 纯意识，不属于任何人的意识，脱离于一切人间附属物的意识……[没有]传统、历史、文化上预先定义的认识模式、社会实践……[作为一种剩余物留下]一些不易磨损的核，它们只有对自身才是可解释的，并且再也不可还原到传统、文化或社会（Baumnn，1978，p. 121）。

它就是不曾社会化，也不曾接受任何关于某一环境的已知意图的人类精神的内容。胡塞尔对存在这种纯意识或绝对知识的信念被表达成对超验主观性——一切意图之所在的信念。它的发现要求处理经验意图，并保留被赋予人类先验的那些东西。所以他把现象学表达为一种科学，一种会鉴别绝对真理（因而最后两个现象学

者不会不一致)而不是提供关注于世俗的选择的步骤(超验还原)。

对胡塞尔来说,超验还原会有助于解决解释学之现象学的那些问题,包括对纯意识内容之意图的解释。**解释学**的范围最初只涉及神学文本的解释,现在它被用来解释一切文本,目的是理解那 67
些文本的作者的意图。(因而解释学牵涉所有的交流;例如,实证主义科学家们就在提供他们对世界的解释。)

理解(verstehen)——解释性的理解——这个词与解释学的各种目的有普遍联系。按照奥思怀特(Outhwaite,1975)的看法,一个人有四个方面可以研究:物理事实——它可能表明非物理事实(例如精神状态)的一些方面;思想状况;他或她正在做什么;为什么做某件事,其动因是什么。**理解**就涉及这第四个方面:

> 我们借助于:(a)可见信号,有意的或无意的……;(b)明晰陈述……;(c)使我们能指望一种态度或意向而不是另一种关于"情况的事实"的知识……来"理解"人们的精神状况(并对他们的动机和意向作一些推理)。[通过理解]我们并不是说我们知道了要感觉的那些情绪或某些动机的力量是什么,而是说我们理解了这些情绪或意向在其中"具有意图"的"情况"(Outhwaite,1975,p.15)。

所以解释学试图阐明行动后面的意图,试图提供对为什么采取某一确定行动的一种正确评价而不解释这个行动。这是一种关于特定关联域的评价而不是一种预测的企图。

理解作为一个概念是与哲学家威廉·狄尔泰(Wilhem

Dilthey)联系在一起的，他在纯意识问题上与胡塞尔不同(Rose，1981)。它力图按照人们的各种理论，来试图理解人们为什么做了他们之所做和要做他们之要做，在这方面它接近理念论。它将现象学的意图概念引入这一特定关联域中——生活世界由意向性产物(即人们对于他们意识中各要素所作的设想的产物)构成。照加达默尔(Gadamer)看来(见：Outhwaite，1975，p. 104 and Giddens，1976，pp. 56—57)，它要通过对话(discourse)才能得到。在研究当代事件时，这就是主体和分析者之间的对话。在研究过去事件时，

> 理解与我们自己时代相隔甚远的某一历史时期的文本……或理解与我们自己的文化大异其趣的某种文化的文本，根本上是……一种创造过程。在这个过程中，观察者看透某种异己的存在形式后，通过获取别人的知识来丰富他本人的自我知识(Giddens，1976，p. 17)。

通过各种文本，这种对话既丰富了分析者的理解，又使主体能够显露意图；分析者由于参加进主体的语言中而学会过主体的生活。这样，解释学基本上就是一种经验科学，因为它力图以现象学的水
68 平阐明意图而不寻求存在于这些意图下面的普遍真理。

现象学作为一种研究人的科学，作为心理学某些当代趋势的反面，得到了极大的发展。因此对某些社会科学，尤其是那些涉及研究社会本身而不是构成社会的个人的社会科学，就有一种使现象学的见解适应它们目的的需要。这就是阿尔弗雷德·舒茨(Alfred Schutz)担负的任务,他的研究关注于他的主要著作的标题中描述的那些东西,即阐明《社会世界的现象学》(Schutz,1972)。这被置于现象学的一般关联域内,其目的是推进相互主观的理解,其基础是生活世界的主观性。但是舒茨认为日常社会世界是一个"理所当然的"世界,当各种行动发生时它不会完全显现。

> 在日常世界里,每一件事物都是理所当然的因而是未知的……日常生活的大多数常规事务都是在不动用人类分析能力的情况下完成的……因此,日常世界……不是一个需要主动解释或重新解释的客体。除非遇到挑战,我们并不"需要"对别人和对我们自己驱动日常行动(Baumann,1978,pp.176—177)。

有了这个基础,解释社会学就不会尝试从事解释学的对话,也不会尝试做超验还原。相反,它正在寻找作为日常生活的常规部分而存在的一般意图,在生活世界里日常生活的意图是确定的,

> 因此我们正在寻求的是不变的、唯一的先验精神结构,尤其是由活的精神组成的社会结构(Schutz,1971,p.44)。

这个理所当然的世界由一个"知识的家系"构成。活动就发生在这个家系之内,并且"以其早先的经验储备,以我们自己的经验以及我们的父辈和师长留传给我们的经验为基础"(Schutz,1971,p.208)。活动有两种:有意做某事并且在完成后就构成一种成绩的行动；自发的举动。这两种活动都在具有内在意图的理所当然的世界里运作。一个人习惯地对某些刺激作出反应（当然这并不是说所有的人都以同一种方式作出反应，因为同样的刺激在不同的生活世界里会赋予不同的意图）。

舒茨为研究社会世界的现象学所提出的方法论，建立在他对马克斯·韦伯（Max Weber）社会学的鉴赏上，不仅在于他们同样坚信主观意图作为行动和举动的控制者具有极端的重要性，而且
69 在于韦伯分析了各种过程。关于前者，舒茨（Schutz，1972，p. 6）强调社会学"通过解释在各个人的意向中发现的社会行为的主观意图来研究社会行为"。关于后者，他提出了一种基于韦伯的观念类型概念的方法论：

> 韦伯一而再、再而三地把观念典型问题当作一切社会科学问题的中心。我们的研究已显示出这个概念创立得何其好哉。因为当代人的世界和祖先的世界都只有用观念典型的方式才能理解（Schutz，1972，p. 226）。

他认为可以用三种方式中的一种来研究意图：有些意图在特定背景中表达特定的人的意向（这是历史学的领域）；有些意图被表达为平均状况（这是统计学的领域）；而有些意图表达某一观念典型行动者的意向，这就是解释社会学的主题。在无能力看透别人的精神的情况下，唯一能被理解的社会现实是从典型上理解的那种社会现实。

舒茨把观念典型研究看作是完成对理所当然的世界及其中的

行动和举动的理解的几种可能方式中最好的一种。分析者可以力图在相似情形下研究他本人，把他的行为映射在主体的行为上；或者可以研究主体的行为，推断行动的效果及其与意图达到的效果（即动机）的关系。舒茨偏爱一种方法论，用这种方法论

> 他可以借助于他自己关于所涉及的人的习惯行为的知识，并由此推断这个人的目的和动机（Schutz，1972，p. 175）。

当然还要根据关于主体所属的典型的知识。因此观察者要在他的总体——即有“一个而且只是一个为着典型行为的典型动机”（Schutz，1972，p. 188）的各种个人——中鉴别各种典型。

典型化对于分析者很有价值，这不仅因为它智取了现象学方法和解释学对话的某些问题——尤其是关于不可能查明其实质的理所当然的世界的那些问题——而且因为它显示了理所当然的世界是怎样被各种主体构建起来的。各种个人由于他们已作为世界的典型而表现着各种典型活动。所以解释学社会学者的任务是鉴别这些不同的典型化。此类典型并不是“由社会科学家们随意地、不加检查和约束地塑造的”（Schutz，1964，p. 48）。它们必须遵守四个要求：第一，关联性；第二，恰当性——“每一项……都必须这样构筑，以使个别行动者在生活世界中以被典型意图指导的方式所表现的人类活动，对于行动者本人及其同胞都是合理的和可理解的”（p. 19）；第三，逻辑上的连贯性；第四，一致性——“各观念 70
典型组成的系统必须只包含科学上可证实的假定，这些假定必须与我们的全部科学知识完全一致”（p. 19）。总合起来，

> 这些要求对于社会科学确定地研究真实的社会世界，我们大家的一个不可分的生活世界，而不是研究独立于这个每日生活世界且与之毫无联系的某个陌生的幻想世界，提供了必要的保证(p. 19)。

这样，他的理所当然的世界的现象学作为行动的一种真实表达可以服从实证主义的评价。

与舒茨的工作有关的是人种学方法(Ethenomethodology)的领域："舒茨对人种学方法的表达为某种经验研究提纲提供了理论基础"(Baumann，1978，p. 188)。根据加芬克尔(Garfinkel，1967)的看法，人种学方法论者的作用是设计一种方法，使人们能用来对他们的日常生活加以说明，即加以"观察和报道"。所以这是对各种个人用以构筑并实现其日常生活的方法论的研究。这种研究是相互主观的，因为它涉及那些对各个主体而言是共同感觉的理解过程(共同感觉涉及各主体"理所当然地按照无须指定的方法来完成所说的东西"；Garfinkel，1967，p. 30)。因此，

> 对人们理解的期望、表达的偶然性、偏好的特殊模糊性、对现在发生之事的回顾—展望感、为了看看过去意味着什么而等待着后来的某件事，这些都是共同对话的一些被认可的性质(Garfinkel，1967，p. 41)。

人种学方法论者为了鉴定理所当然的世界的各种方法论，要研究那个共同对话(诸如社交)的内容。他们可不是随意行动的学术窥

视癖。他们像那些把自己的研究建立在现象学基础上的社会科学家一样，旨在深入到鲍曼（Baumann，1978，p. 189）称之为“生活的技术”的那种东西里面，旨在鉴别它的基本意图，即使他们并不能理解这些意图是如何产生的也罢。所以，

> 如果使现象成为窗玻璃，人们能透过它直接看到它在日常生活里遮掩起来而不是揭露开来的复杂钟表的工作，那么现象就能最好地服务于人种学方法论者经验活动的目的。但这时人种学方法论者不应特别关注于使现象成为那些齿轮和接受器的非普遍的偶然形状，而应该努力模拟钟表工作的“普遍的”、必不可少的那些性质，尽量清除一切特有的内容……人种学方法论的研究不是现象的研究，而是通过现象来研究（Baumann，1978，pp. 188—190）。

正是在这种意义上人种学方法论根源于现象学。 71

所以，这些思潮作为社会科学的哲学和方法论有几个共同要素。吉登斯（Giddens，1976，pp. 52—53）得出以下四个关于各种解释社会学的结论：第一，它们强调**理解**不仅是一种科学目标，而且是社会生活特征的一种基础——理解是行动和举动的基础；第二，分析者引用与其主体相同的材料——前者用“科学推理”的方式而后者用“实践推理”的方式；第三，社会世界的很多知识在主体看来是理所当然的，而且是不容易表达的，尤其是按照实证科学的格式；第四，社会科学的概念必须与“外行人在维持一个有意图的社会世界时所用的那些概念”（p. 53）联系起来。所以，尽管与实证

主义有些联系，此类解释社会学是从它们在现象学和解释学中的基础上开始的，它们提出了一个关于世界的观点，认为世界是由主体感知的，而不是观察者先验地构筑的。

存在主义

像本章讨论的多数其他哲学一样，存在主义也不是一个统一的思想学派，而是好多作家的组合。根据一个评论者的看法，这些作家的著作会使一个“被弄糊涂了的局外人”断言：“他们所共同具有的唯一东西，就是一种显而易见的互相厌恶。”(Kaufmann, 1975, p. 11)最著名的存在主义者是法国哲学家让—保罗·萨特雷(Jean-Paull Sartre)；很多人把贾斯珀斯(Jaspers)、海德格(Heidegger)、凯尔克高(Kierkeggaard)、尼采(Nietzsche)和陀思妥耶夫斯基(Dostoevsky)也包括在存在主义者里面。据考夫曼(Kaufmann, 1975)看来，他们的存在主义“标示对传统哲学的一些具有广泛区别的反叛”(p. 11)，表现着“对生活中所产生之问题的热情关注和道德上的怜悯，并且坚信……哲学必须是活生生的”(p. 51)。

经常用两句关键短语来表达存在主义信条的特点：“人造就了他自身”和“存在先于本质”。因此存在主义者——特别是像萨特雷和海德格那样的无神论存在主义者——与现象学者不同，他们不相信普遍本质、纯意识和终极知识。现实是由人类力量的自由活动创造的，是为着他们自我也是通过他们自我创造的。

> 存在主义寻找的这个自我是每一个人的个别自我，他必须为着他自己，从给予他的那些无知觉的环境中、那些无意图的限制中锻造自我。这种自我创造——仅仅从存在中造就一个人的本质——是我们每一个人都需要的，因为……不存在**单一**的人类本质(Grene，1959，p. 41)。

格林(Grene)认为这个不存在单一本质反映了萨特雷和另一些人的无神论：它以一条格言为基础，即“没有上帝，所以没有人的本质”(p. 44)；这就迫使作出一个结论，即人的价值只能从人的存在 72
中得出。

此类价值要在(首先是)个人与事物世界之间的关系和(其次是)个人与他人世界之间的关系中显示出来。关于前者，对个人自由的承认会产生畏惧，因为

> 我(而且是独自的我)那荒谬而无理地使混沌表现为秩序、独自粗鲁而愚笨地从虚无中造就一个世界的令人震惊的意识；我的世界本身带着这个意识在我从中而来的那个无依无靠的边缘蹒跚……这就是先于空虚——先于湮灭——先于虚无的畏惧(Grene，1959，p. 52)。

关于他人的世界，对它们的任何揭示都会产生“作为主体的自我的湮灭……我必须用每一种意图、以我的力量去努力战胜[它]”(Grene，1959，p. 79)。不仅如此，这种对他人的自我揭示还产生恐惧和羞愧，因为

> 我不是作为一种自由动因从事我自己的计划，我是……他观看的一个客体……我是他使我成为的那种东西而不是我使我成为的东西……恐惧和羞愧是对他人侵入我的世界做出的两个适当而直接的反应(Grene，1959，pp. 80—81)。

唯一能抵消羞愧和恐惧的东西是侵略，用毁灭来威胁观察者，以使一个人能再次成为一种自由动因。

因此，存在主义以原子论的个人主义为出发点，这就导致了对物理世界及其中的他人的某些态度。正如萨特雷和另一些人所实行的那样，存在主义的目的一直是探究这些态度，特别是他们荒谬的和悲剧性的特征。他们的解释大多专注于用小说来描绘这些态度和特征，而不是通过任何正式的方法。其目的是说明人如何在一种特定关联域中创造他的世界，那个关联域里仅有的一些压制因素是其他人的相同行为。

照奥拉夫逊(Olafson，1967)看法，存在主义的意图在于它反对现代社会的很多要素。它力图加强自我意识，力图对各种个人指明：他们是“自主的道德力量，能够对他们自己提出而且解决所有关于他们要做什么的问题”(p. 238)。它强调自由、决心和责任心：“正是通过自由而负责任的决定，人才成为真正的他自己”(Macquarrie，1972，p. 4)。其他基本命题包括限定、有罪、异化、绝望、死亡，其中很多都反映受挫的人在企图创造一个真正的自我时的存在，它们也使存在主义成为一种流行的悲观主义哲学。“他们
73 真正地成为自我只是在他们自由地选择自我这个意义上”(p. 161)，但作为社会的部分、作为大众的部分，又妨碍选择并且

产生绝望和异化。如果选择受到阻碍，那么人就变得不真实，而且在事件的支配中随波逐流，而不是创造一个个人的未来。像个人一样，社会也会经历不真实的历史。在由大企业和国家支配的现代高技术社会里，当人们对他们的命运失去控制时，异化就产生了。存在主义揭露这种异化，并试图用一个人类的尊严在其中得到增强的社会来取代它。就这个意义而言，存在主义既是政治的批判，在某种程度又是技术的批判。

照麦夸里（Macquarrie，1972，p. 8）看来，“大多数存在主义者都是现象学者，虽然有很多现象学者并不是存在主义者”。在关于诸如意向性一类的概念方面是较一致的；但是现象学比个人的意向走得更远，因为它寻求本质和普遍结构，因而缺乏对个人特性的注意。存在主义者并不关注本质的现象学（p. 57）；他们接受了某些现象学方法，但为着他们的分析只停留在存在水平上。他们的方法论是把个人从人群中分出来，使他摆脱要适应社会的压力，并且增进自我。这就促进了个人主义。在存在主义的精神病学（特别是莱恩〈R. D. Laing〉实行的那种）里，目标是创造真正的人。例如，虽然存在主义的教育包括教师对学生敞开机会，但从来没有指出进入机会的途径。在文学里，正如前文批判的那样，存在主义作家一直强调灾难、绝望和荒谬；

> 提醒我们光有技术不能解决人类的问题，因为它最终是一个存在的问题。他们并不是像现实主义作家那样的极端悲观主义者，后者认为对存在的怜悯根本没有空想的解决办法（Macquarrie，1972，p. 211）。

在伦理上，存在主义者强调要“对自我真实”而不是符合社会强加的某种法律，这种法律反映着过去的惯例、保证着稳定但却促使人类呆滞。在神学上，它也强调真实个人的道德性质。对某些人来说，存在主义意味着无神论的人道主义；但对另一些人来说，它会导致“在产生宗教信仰的地方对存在的那些极大限制”(Macquarrie，1972，p. 267)，因为不能提供存在一个上帝的任何证据。

存在主义与早期的马克思主义(见第 102 页)有很多相似之处，因为它也关注社会中人的异化。但是在其解决不真实存在的问题上它又是不同的(虽然在存在主义的某些方面与无政府主义者的马克思主义之间，也有着某些共同要素)。它的目的是实现自我，它的方法论是使用一切有关的手段(精神分析、教育、文学、视觉艺术)来说明人的个人非真实性。它有一些个人主义的因素。

74 它强调人必须学会与他人一起生活在社会里，但是它认为为了创造比目前所经历的更高的人类存在，人们必须从个人开始而不是从社会开始。

人文地理学中的人本主义思潮

本章所讨论的各种思潮的一个共同特点是，它们都以主观性为兴趣中心。对理念论者、对现象学者以及对存在主义者来说，世界的知识不能独立于知者而存在；相反，它只存在于人关于世界的经验中，也只有由那个经验的感观分析来鉴赏。因此，不能用实证主义态度来解释人的行为，而只能鉴赏。其本体论是不具有实在的本体论。按照这个限定，人本主义地理学就是研究人作为有思想的生灵所创造的那个世界中的人的地理学。其目标在于理解，在于在人的环境中理解人。（注意，虽然多数人本主义方法都被限定在个人的水平上，但杰克逊〈Jackson，1981〉曾指出过现象学可以用来提供社会水平上的见识。参见：Relph，1981b。）

人文地理学中对某种“主观”方法的需要很久以来就得到承认和促进了：伍尔德里奇（Wooldridgt，1936）声称历史地理学者必须力图通过农夫的眼睛来观察农村；拉尔夫·布朗（Ralph Brown，1943）关于1810年美国东海岸地区的经典历史地理学著作，是通过一个虚构的居民即托马斯·基斯顿（Thomas Keystone）的眼睛来描述的；约翰·赖特（John Wright）在1947年引入了地知识（geosophy）这个名词作为他以下论点的一部分，即地理学知识是全部人类精神储备的一部分：

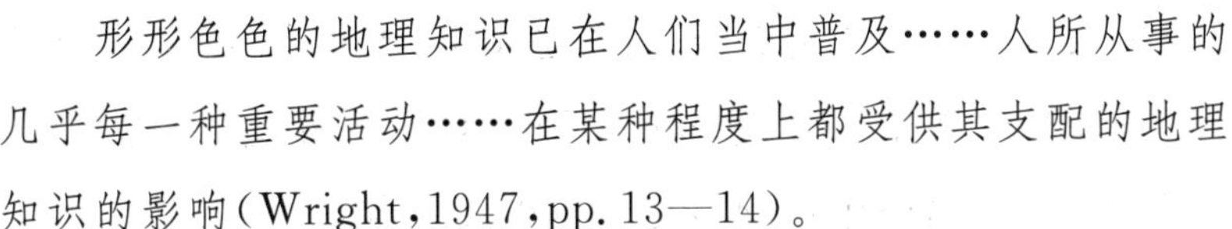

> 形形色色的地理知识已在人们当中普及……人所从事的几乎每一种重要活动……在某种程度上都受供其支配的地理知识的影响（Wright，1947，pp. 13—14）。

但这些都是相当分散的陈述，对这种职业没有什么显著的影响，人本主义地理学的情况大约在1960年以后才可以说是强大的。

在地理学文献中，提倡人本主义观点曾经采取了两种形式。第一种是提出一种普通的人本主义（或主观主义）倾向性，通常并未参照上文概述的那些哲学的任何一种；只有少数几个例子里提倡了对这些途径的两个或多个要素作某种组合。第二种由理念论、现象学和存在主义三者中的一个论点构成。（很多见解对实证

75 主义的反对就如对人本主义的赞同是一样的程度,见:Jackson,1981;这里主要关注后者的一些要素。)这两种形式将予分别考虑。

普通人本主义观点

因为提倡人本主义方法而吸引了广泛听众的第一个地理学者是柯克(Kirk)。他的立场发端于1951年,但多数作者都参考他后来修正了的更可接受的陈述(Kirk,1951,1963,1979)。他把他称之为“地理环境”的东西分成两个组分:现象环境和行为环境。后者包括那些“现象环境的事实……由具有从其社会文化背景中承接下来的各种动机、偏好、思想方式和传统的人类来感知”(Kirk,1963,p.366);只有行为环境中的事实才与决策研究有关。洛温塔尔(Lowenthal,1961)提出了一些有点相似的论点,他为他所谓的“个人地理学”研究争辩:各种独特的环境都含有“被感情所激发、编纂和歪曲了”的信息(p.257)。对于解释此类行为环境中的各种因素,洛温塔尔比柯克更多地给予强调。

这些论文并没有明显地参照任何人本主义哲学(但是洛温塔尔参考了大量关于认知心理学的材料,这可以部分地解释为什么有些人文地理学者把人本主义方法与认知研究等同起来)。只是到了70年代才充分地参照了这些哲学。例如,段义孚(Tuan,1976,p.266)就认为人本主义地理学

> 通过研究人与自然的关系,研究人们的地理行为和他们的感情,研究关于空间和地方的观念,从而达到了对人类世界

的理解。

他还为

> 研究人的经验长河中的空间感情和空间观念(Tuan，1974，p. 213)

而争辩。这样一种地理学应关注于空间和地方，使它们进入人类经验；并且应使人们能够更深入地探索他们的个人地理学。巴蒂默(Buttimer，1979，p. 30)表达了这样一条途径的功用：

> 地理学的全部任务，经常是在像其全部环境关联域内的
> 人类生活这出戏那样宽广的界限内引证的。如果人类存在的
> 目标被看成是实现人类的潜力，那么实现的状态就比生存的
> 状态更为重要。如果可以把这种人类的实现看作是生物圈内
> 的全部实现的一部分，那么我们古老的地理学观点实际上可
> 能是能对解决社会问题和生态问题作出的最有价值的贡献 76
> 之一。

据称，地理学中的人本主义(在布蒂默的例子里很显然是存在主义)观点将使人更好地了解他自身，并因此而改善其存在的质量。这样，

> 地理学中现代人本主义的一个主要目的是社会科学与人

> 的和谐，是理解与智慧、客观性与主观性、唯物主义与理念论的包容(Ley and Samuels，1978，p. 9)。

而且

> 人本主义坚信：男人们和妇女们通过为他们自己思想和行动，尤其是通过合理地实施他们的能力，就能最好地改善他们生活的形势(Relph，1981a，p. 7)。

对某些人来说，人本主义地理学的发展包括将该学科和人性联系(或重新联系)起来(参见：Cosgrove，1982)。对于迈尼希(Meinig，1983)来说，这在两个方面包含文学。第一，正如波科克(Pocock，1981a，1981b)及其他人所说明的，文学能够被用来提供“关于人类对环境经验的基本线索”，将文学用作一种档案是因为

> 作家们不仅描述这个世界，他们还帮助它的形成。他们非常形象地制造出一些强烈印象，影响着公众对我们景观和区域的态度(p. 317)。

第二是对文学所作的贡献将有助于形成态度。人文地理学者与文学的关系不寄生而是共生。

> 只有当我们写出的书籍和文章在阐明生命和景观、阐明地理学重要论题方面是如此深刻有力，以至于人文学科的学

> 者不能忽视我们时，我们才能够锻造出地理学和文学之间的持久联系(p. 318)。

因此，正如鲍威尔(Powell，1980)和丹尼尔斯(Daniels，1985)所说的，地理学者应该成为有创造性的艺术家。这种想法在埃斯廷·埃文斯(Evans，1973)引人深思的文章里，以及在吾里福德·沃森(Watson，1983)倡导热情参与的诗中也有体现。

> 地理学承受不起热情的消失，更不用说放弃。没有了热情的地理学就像失去了血液的肉体一样枉活于世，只能够交给掘墓人了(p. 391)。

比林(Billinge，1983)对此类工作中可能出现的过分强调语言的现象提出了告诫，他认为，

> 学术性作家本质上是思想的交流者——撰稿老手的技巧
> 在于尽可能深入而清晰地表达他们相信为真实的东西。他们 77
> 不是“文学性”作家，认为学术论文的结构若类似于托尔斯泰
> 或赫胥黎的艺术，那就严重误解了我们的功能和关
> 注(p. 417)。

但对于推崇诗歌的沃森来说则不然，因为

> 诗接触实在问题，因为它来源于实在问题。诗将它们作

> 为新鲜的经历来讴歌。诗本质上就是原材料。它是引导地理学者在思维的领地上进行度量的基本知识……所有的态度、目标、感情和幻想，我们的美德或丑恶，都在其灵魂中有一席之地(p. 392)。

段义孚(Tuan，1983)批判了地理学脱离人类关系和人类个体的发展趋势，(地理学)主题被19世纪“热衷于以寓教于乐的方式积累和传授知识”，在某些情况下甚至“揭开社会和人类行为的外衣来探究内含的过程和机制”的小说家们收编了(p. 71)。因此

> 在小说家宏伟的思想中，具体的细节和高度的概括性，实在论指向的复杂说明和不受个人感情影响的抽象分析，都有位置(p. 71)。

按照段义孚的观点，这是因为小说家旨在综合认识。地理学者也应该这样

> 综合认识——这种探索复杂性的努力和现实主义的描述——本身就具有很高的知识价值；地方和人们是确实存在的，我们需要按照他们本来面目认识他们，尽管努力这样做会要求牺牲逻辑严密性和一致性(p. 72)。

倡导特定的人本主义方法

除了上面概述的普通倡导外，本章前面所讨论的每一种特定的人本主义方法都作为一种对人文地理学可行的哲学呈现在人文地理学者面前（同时也由人文地理学者提出来）。某些方法比其他方法得到更多的重视，但最流行的还是现象学。正如普通提倡的情况一样，这里提到的实例对实证主义的反对程度就像对人本主义的赞同程度一样。其目标是使地理学者们皈依某种替代观点，因为现在采纳的观点（无论是实证主义的还是结构主义的）已经失灵。

受科林伍德（Collingwood，1947）《历史学的观念》影响的两位历史地理学者，曾最为激烈地争论过**理念论**的情况。哈里斯（Harris，1971）的论点特别引人瞩目，他认为编史工作是一种通过对各种文献和其他文本的认知解释而把材料归在一起的综合实践，所以，

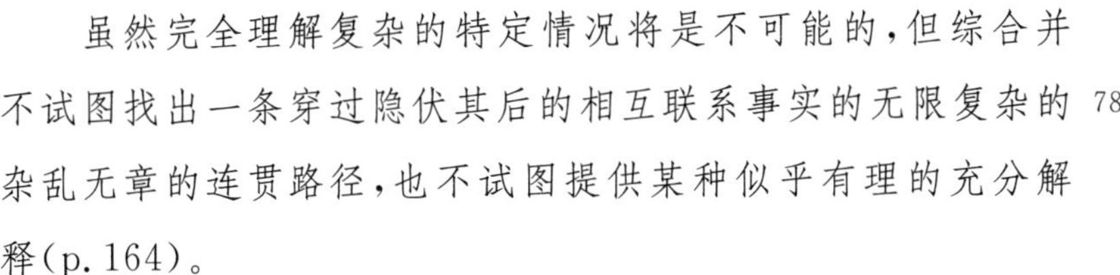

> 虽然完全理解复杂的特定情况将是不可能的，但综合并不试图找出一条穿过隐伏其后的相互联系事实的无限复杂的 78
> 杂乱无章的连贯路径，也不试图提供某种似乎有理的充分解释（p. 164）。

达到这样一种综合的是“对历史学中解释的一种理念论解译……一个历史学者在反思隐伏于事件之后的思想时就会达到对该事件

的认识”(p. 165),哈里斯认为地理学者可以使用类似的方法:

> 理解某一特定区域、地方或景观,或者对付某一与特定地方的特点有关的文本,就是达到一种与历史学相似的综合认识。一个地理学者可能不得不理解……隐伏在大量人类活动之后的思想……他可能不得不研究并非自觉思想结果的人类活动,他必须有能力从社会科学观点驾驭普遍性(p. 168)。

在另一篇文章中,哈里斯(Harris,1978)表示了对他所谓“历史精神”——代表编史工作的理念论概念——的鉴赏,并步卡尔·索尔(Carl Sauer)、安德鲁·克拉克(Andrew Clark)和其他一些人的后尘,为发展一种平行的地理想象而争辩,这种想象使每一个地理学者都把自己沉浸在一种“区域”中,就像历史学者把自己沉浸在“时期”中一样;其结果将是“对世界一个复杂部分的更深透理解,对人类经验复杂性的鉴赏,以及更多满足”(p. 126)。

对格尔克(Guelke,1974)来说,人文地理学中某种理念论方法不言而喻的特点在于这种训练与“人类精神的理性行动和产物”(p. 193)有关。行动意味着有意向,而意向涉及应用各种理论。因此,

> 一个行动后面的意向可以看成是行动力量的源泉,而意向中的理论可以看成是导向系统(p. 197)。

理论是行动者主张的理论,是他的世界观,又被他所得到的资料加

以修改。所以为了理解行动，

> 人文地理学者只需要努力重建已发生行动之后的思想。他并不需要他本人的理论，因为他关心的是被调查者行动中表达出来的理论(p. 198)。

格尔克(Guelke，1975，1982)起初为理念论方法在历史地理学中的价值争辩，他后来把他的实例扩展到城市地理学(Guelke，1978)，并通过暗示扩展到整个人文地理学。

弗雷泽(Frazier，1981)研究了人文地理学中的一个**实用主义**案例，他认为：

> 实用主义是行动指向和用户指向的，它将经验方法延伸
> 到包括评价和实施。这种研究的进行是为了解决迫在眉睫的 79
> 问题，其结果是为目标人群达到某种目的所提供的手段。研
> 究者给出行动的建议，作为实施那些结果的一种“行动力量”
> (p. 67)。

他注意到空间是知识和错误并存的一种复合体，它随着我们知识的改变而变化，并随着实际问题的解决而不断建立和重建；他认为地理学的调查研究能够改变知识并为实际问题的解决作出贡献。

弗雷泽的观点并没有产生多少明显的影响，实用主义仍然很少被人文地理学者采用——虽然许多关于应用数量地理学(例如：Bennett，1985)和应用“科学方法”(例如：Hay，1985a)的讨论与它非常接近。然而,芝加哥学派发展的相互作用观念无论在实际应用方面(例如:Ley,1974)和一般性倡导(Jackson and Smith,1984;Smith,1984)方面都获得了较多实质性支持。对于后者,这意味着深入探究了帕克的主要关注,运用参与者观测的步骤(Jackson,1983)来"分析地理空间和占据它的社会群体之间一致性的动态和交互协调"(p. 356)。

杰克逊(Jackson,1985)发现这种人种学研究中含有一种潜在的危险,这就是它们所提供的东西不外乎一些特定的说明,缺乏社会背景和历史背景,或者缺乏学术上的统一性。研究者有必要提供这种背景和统一性,并发展一种理论结构来包容这些经验发现:正如皮克尔斯(Pickles,1985)所言:

> 一个事件的解释者,通过将所发生事件的片段拼凑起来,能够比置身其中的人更好地了解这一事件(但只是以一种特殊的方式)(p. 173)。

将旁观者和当事者的观点结合起来,才能提供有深度的解释(Johnston,1986d),就像莱(Ley,1983)的著作《城市社会地理学》那样。于是,一种理论框架被创立出来,它要在包含那些过程的条件下符合理所当然之日常世界的创造和重建,并提供能用于支持进一步重建行动的知识,因为(Smith,1984),

> 实用主义哲学强调行动而不是反映,这倒不是因为它无耐心或在智力上懒惰,而是因为只有在实践中才能实现思想

> 的真理，才能证明思想，才能构建知识。变化是不可避免的，但过程则不是：如果我们准备赞同前者并朝后者努力，智慧就必须成为行动的工具(p.367)。

很多作者研究过现象学的案例。(其中一些人把现象学和理念论混为一谈，见：Billinge，1977，p.56；但格尔克〈Guelke，1978， 80
p.54〉反对这样做，他认为现象学者由于关注于情感和意图，“并没有给予我们用相互主观或客观的方式去理解和解释人类行为的工具……理念论者也和现象学者一样关注于理解人们附着在其环境上的不同意图，但是在理智层次而不是情感层次”。)例如雷尔夫(Relph，1970)就提供了一个关于现象学性质的简略说明，并注意到一些现象学概念已不言明地结合到地理学研究中去了(例如：Lowenthal，1961)。他认为值得更充分地发展这种方法，因为，

> 人和世界通过他们的相互牵连构成一个统一体，虽然正是人的意向性给世界以意图，但只有通过对这些意向的考察，我们才能够力图理解这个统一体(p.197)。

(参见：Relph，1981a)

默瑟和鲍威尔(Mercer and Powell，1972)提供了一个较详细的评价，他们不仅评论了胡塞尔的现象说，而且也评价了舒茨和加芬克尔的工作所代表的现象学在社会学中的发展(参见第68页)。他们讨论了连接现象学和理念论的那些“同感点”，但关于后者，他们认为“科林伍德关于历史解释的理论没有充分重视很多人类行

动后面情感动因和自觉动因的巨大力量”(p. 34;参见:Gibson,1978,对理念论的批判)。注意:格尔克(Guelke,1976,p. 169)反对地理学者不仅去问人们想什么而且去问人们为什么想它,他认为此类研究“陷入到医学和心理学的领域中去了”,“显然超出了意在研究土地上人的活动的人文地理学的范围”。关于人文地理学,默瑟和鲍威尔(Mercer and Powell,1972)以反实证主义的情绪断言:需要有“一种观点,来强调人类经验及人对世界感知的丰富性”(p. 51)。他们声称,行为研究(参见第 37 页)只是朝这个目标走了半截路,因为“它们在所有的层次上都深深地渗透了实证主义观念”(参见:Cox,1981;Ley,1981)。

在各种各样的现象学方法中,涉及日常世界社会学、人种学方法论、解释学的那些并没有得到地理学者的多少注意,甚至仅仅只是纲领性陈述的形式也很少有。关于前两者,莱(Ley,1977)曾经批判过当代社会行为地理学,批判它的实证心理学癖(positivistic psychologism),并调查过现象学“是否为恢复社会地理学的元气提供了基础,这种社会地理学关注于终致某种景观作用的群体行动”。他认为舒茨的工作提供了

> 一个社会地理学的恰当框架和基础,它考察先于空间事
> 81 实的社会背景和认知背景(p. 507)。

因为地方在群体行动和个人行动中都有很重要的作用,关于理所当然世界的社会地理学应该专注于由人类群体的意向所创造的地方意图。史密斯(Smith,1981)也为那种以舒茨工作为基础的方

法论争辩，该方法论联合了一种允许探索性假设、普遍性和解释性理论的哲学。（她排斥了“坚持可以通过推理和训练有素的直觉来推测内在真理的信条的那些哲学，因为这些哲学排除了观察方法的首要地位”，p. 293。）材料的收集要通过参与者的观察，要通过对“具体处理中”（即通过与主体接触并参加到他们理所当然世界中的活动里去）获得的观察和经验加以深思和选择。由此产生分析的构成物，达到对行为的神入理解，并从而有可能达到基于“对表面上的独特性作对比分析”（p. 297）的普遍性。

皮克尔斯（Pickles，1985）认为，地理学中这些现象学方法的呼声是混乱的，是以对胡塞尔和海德格目标概念的歪曲为基础的：因此只是到了他书中的第 89 页，他才能

> 摆脱地理学文献中被当做现象学的东西，而走向真正的现象学本身。

他把现象学视为对基本科学概念的寻求和明晰化。经验科学的基础不能从经验上来认同，而只能由反映认同，因此

> 现象学的地理学……不是指实际经验、实际地方和世界，而是指环境经验、地方性和世界性的形式化普遍结构（p. 109）。

他认为在经验客体及其本质之间存在一种极为重要的关系，

> 以至于对于每一个客体都有与之相对应的本质结构，对于每一个本质结构都有与之相对应的一系列可能个体作为其实际例证(p. 111)。

所以，每一种经验科学都与一种本质结构相关；那么，为地理学提供基础的本质是什么呢？为了回答这个问题，皮克尔斯倡导：

> 对人类空间性之普遍结构特征的一种本体论存在主义理解，或是对地方和空间的任何此类理解的前提(p. 155)。

82 结果是对空间——我们居住和活动的后果——之基本性质的理解。

关于**解释学**，罗斯(Rose，1981)曾指出过狄尔泰的论点与人文地理学的关系：

> 如果我们接受以下前提：(1)人文地理学完全是在符号的范围内进行的；(2)某些此类符号是在各种文本中被一起发现的，无论这些文本是说出、写出、手势表达出还是行动表达出；(3)人文地理学者的工作是作为一个旁观者解释此类文本，以便作出关于在这些文本中运作的行动者的某些陈述；而且(4)以便把他认为是重要的此类现象的意图反馈给所牵涉的行动者……那么对理学者的要求就……不是直接获得那些文本所指的意图，而是力图从文本中、从文本里流传下来的传统中、从那些意图本身的世界中重新发现这些意图(p. 124)。

布蒂默(Buttimer,1981,1983)曾经的把这样一种对话式的方案贯彻到地理学史中。她在为应用地理学争辩时也利用了解释学的观点：

> 在社会的各个部分中都唤醒责任感。难道这种倡导者的作用、这种运动的促进者的作用不要求我们最终承诺把我们研究的“客体”变成自己个人的和共同生活的“主体”吗？我们可能具有这样做的专长……但是以为我们能够写出剧本、设置舞台并且经营演出,似乎就不仅过于自负而且会危害创造力了(Buttimer,1979,p. 33)。

塞缪尔斯(Samuels,1978,1981)主张过人文地理学的存在主义方法。他宣称人在空间上限定自我,其某一个性的创造、其对自我的确证部分涉及他与环境的关系。先于这个过程的客体是什么呢?是地方：

> 一切客体在其中都同等重要的世界是无政府主义的世界……不完全空间(partial space)就是把各种意图指派给地方和地方系统(Samuels,1978,p. 32)。

人起源于一种疏远的环境,他创造地方来为他提供根基,所以一个景观就是一部那种创造的传记,一个“对于空间排列、空间关系和空间附属物之存在起源”的陈述(Samuels,1981,p. 126)。有些景观是个别的,是他们的创造者的传记;但是也有一些景观是普遍的，反映着共同形势中人类群体的经验，例如第二次世界大战后美国城市的地理（参见：Cosgrove，1984）。照塞缪尔斯看来，存在主义地理学应当寻求理解那些共同背景：

> 83 有效的“存在主义地理学”是一种历史地理学，它力图以一个景观的占有者、使用者、探索者和研究者的眼睛，以调节、缓和或改变各种关系的历史地位的眼界，来重建那个景观（Samuels，1981，p. 129）。

正是利用存在主义方法来重建社会和个人空间传记的能力，使得杰克逊（Jackson，1981，p. 303）认为，“对社会科学来说存在主义现象学比两者当中任一单独哲学更为重要”，它允许对社会关系的空间结构作某种分析。

人本主义地理学

在关于人文地理学中实证主义思潮的那一章里，讨论了大量与实证主义方法论及其应用产物有关的文献。实证人文地理学的性质是由它的产品来表现的。这样一种方法对于本章却行不通，主要是因为它的产品太少。正如雷尔夫（Relph，1981b）所言，在1979年前后推测：

> 1970年以来出版的无数地理学期刊和书籍中，就我所知，只有九篇论文明确地探讨过地理学与现象学的关系，只有

> 六本书采用现象学方法来考察地理现象(p. 106)。

现在这个数字比较大一些，特别是与实质性工作有关的那些(见：Jackson and Smith, 1984, p. 44)。但是哈里斯(Harris, 1978, p. 134)的以下陈述：

> 在北美，现在自称为“人本主义地理学者”的那些人都喜欢哲学读物和方法论作品……然而文化地理学和历史地理学者们仍趋向于遵循他们的老路，受新人本主义的影响并不比受60年代空间分析的影响更多。

仍然有效(其实“纲领性”是比“方法论”更好的用以描写那些作品的修饰语)。因此，人本主义工作的性质在相当程度上是无可评论和说明的。

如此无可评论的一个原因是纲领性的陈述没有多大作用(注意，雷尔夫〈Relph, 1981b〉指出，现象学的语言“极其难以识破”(p. 102)，“不搞现象学就不可能理解现象学”(p. 106))，或者说其辩护在某些方面是不完整的。例如比林格(Billinge, 1977)就写道：把某种现象学方法结合到人文地理学中去的企图，已证明是“一种对现象学纯粹派性质的根本误解——往好处说是用词不当，往坏处说则更加证明了那种采用其准确意义显然被错误理解了的术语的扰乱人心的趋势”(p. 64；参见：Agnew and Duncan, 1981)。84
他断言“我们绝不曾是现象学的”(p. 67)。恩特里金更激烈地认为，这是因为不可能以某种人本主义方法来取代实证主义方法：

> 人本主义地理学不能为科学地理学提供一个可行的替代，也不能提供一个无先决条件的基础……更确切地说，最好把人本主义方法理解成一种批判形式（Entrikin，1976，p. 616）。

他声称这部分是因为人本主义方法“在方法论上的晦涩”；那种理解人之有意图经验的目标，似乎会导致一种其中“任何方法都可接受”的局面（p. 629）。确实，哲学文献中对方法的讨论是非常少的，更不要说地理学文献了。比林格（Billinge，1977，p. 63）写道：“现象学一般说来未曾使自己关注于详细地提供方法，而是关注于广泛的概念和思想方面。它不是一种‘实践的’哲学”。也可参见比林格（Billinge，1983）关于人本主义地理学的作品风格。很多作者认为人本主义研究包含的是思想而不是实践活动，再加上或是与文本或是与行动者的交流。因此在莱和塞缪尔斯（Ley and Samuels，1978，p. 14）看来：

> 只要人本主义方法论是折衷主义的，解释的来源数不胜数，从档案研究直到参与者观察；对地理学者来说，这些方法在他们所占据的地方和景观中汇集成一组。

因此，做人本主义的研究在很大程度上是个人的事情，涉及直觉和想象性解释。它与前一章讨论的行为主义研究不同，因为那种研究专注于行为，这是可观测的也是可计量的；而人本主义研究专注于经验，这既不可观测也不可计量。参与者观察或经验领域研究

可能进入“理所当然”世界的现时研究(Rowles,1978),然而:

> 任何两个现象学者对同一现象是否总能具有完全相同的“直觉”,或者确实知道他们有或没有相同的直觉,这显然是大可置疑的。用现象学方法不可能证明……更不可能论证任何事物(Mercer and Powell,1972,p. 14)。

由于这样一些原因,恩特里金(Entrikin,1976)认为人本主义地理学中的折衷主义研究最多不过是提供了一种对实证主义研究的批判形式:

> 作为批判它提供了一种潜在有用的功能,用以重申人文 85
> 地理学中研究意图和价值的重要性,使地理学者明白他们常常极端的科学解释,并使科学家们知道所谓客观研究中包含的社会和文化因素(p. 632)。

尽管有这些保留,各种各样的作者还是注意到:为了知识的主观性,人文地理学中已作的很多工作采取了人本主义思潮中本质上是主观主义的立场,虽然这些工作并没有沿着那些思潮走得很远以至要验明诸如纯意识之类。很多这种工作都是在文化地理学和社会地理学(Jackson and Smith,1984)尤其是历史地理学(例如:Baker and Gregory,1984)中做的。前一章里所讨论的经济地理学的各种形式还未受多大影响,尽管有些人主张应该那样做(Guelke,1978;Wallace,1978)。因此在评论文献时,重点必须只放在人文地理学某些方面的应用上。正如已指出的那样，大多数这些应用是人本主义的，但却未曾包含前面概述的三种途径中任一种的全部哲学和方法论。这里概述的是它们的一般倾向，而对哲学准则的相对缺乏不作任何讨论。

历史地理学

长期以来，过去的土地利用空间分布和格局之重建一直是人文地理学的一个通行部分，有些人把其本身看作目的，另一些人则把它看成是理解现在的一种手段。在历史地理学者当中，对于“什么方法论”最好一直存在着争论，例如，是研究一些时间断面呢，还是研究全部时期的变化，然而资料的可得性一直严重限制着那些可以明智提出的问题。但是，在概括历史地理学者的成见时，普林斯(Prince，1971)能够鉴别“三种(其实很难真正分离)武断定义的知识领域”(p. 4)：

1. 过去的景观和人类社会特点，这是用证据可以证实的，并形成“过去的真实世界”。

2. 过去的居民所抱有的世界影像，影响着他们的行动，创造着“过去的影像世界”。

3. 根据后来的模型对过去世界的重建，提供“过去的抽象世界”。

现在可以对这三种领域的准确性质加以置疑(参见下一章关于实在论的讨论，第 111—113 页)，但是在透视第二种领域即过去的行为环境时，典型化(typification)在这里显得特别有价值。

在其论文的最长部分即关于“过去的影像世界”里，普林斯注意到对真实世界问一问“为什么?”的问题：

> 全部答案就再也不能在外部世界中去寻找，因为必须考察动机、态度、爱好、偏见及其功能和实际作用(p.24)。 86

正如普林斯描绘的那样，历史地理学者用以寻求这个问题之答案的方式，取决于他们可得到的证据。他的文献目录显示了大量的此类工作，涉及广泛而多样的论题、时期和地方。

按照这里所讨论的人本主义思潮，很多这种历史地理学的基本推动力一直是理念论的；研究者们通过识别各种个人和群体的理论基础来努力重现他们的行动。关于新大陆殖民的研究就表明了这一点。正如希思科特(Heathcote，1965)和鲍威尔(Powell，1970)针对澳大利亚所指出的那样，在关于环境的两种(即官方的和大众的)理论或评价之间存在某种冲突。此类研究几乎全具有特殊性，强调主题(无论是关于自然环境的或社会环境的理论)的那些独特甚至唯一方面(Powell，1971)。鲍威尔(Powell，1977)曾试图把这些工作概括成一个称为形象学(eiconics)——研究在殖民过程中传播的形象——的框架，但是虽然他断言：

> 我们在关于新大陆变化之地理学中的历程，充分说明了新大陆的景观总是反映着其居民的思想和观念(p.174)。

这却并没有使他脱离历史地理学的理念论概念而进入关于本质的概括范畴，而本质正是现象学的特征。

如前文指出的那样，地理学的存在主义方法把景观看作是它的创造者的传记："景观彻头彻尾地、永恒地充满着斗争、紧张和辩证冲突"(Samuels，1978b，p. 293)。塞缪尔斯在论及中国由毛的"人与自然间的宇宙大战"(p. 294)所刺激的景观变化时，对这个论题作了说明。他的一般论点是"所创造的人类景观……依各种特定背景而不是作者的责任心而定"(Samuels，1979，p. 64)。大多数景观都是由一些关键个人创造的，所以景观传记可以从其作者——无论是毛还是罗伯特·摩西(Caro，1975)——的地理思想中辨别出来。在其作者不能鉴定为个别人的地方，人们就会去考察社会的产物：

> 我们的人类景观无意之中成了我们的自传，对于知道如何寻找它们的任何人来说，我们的全部文化赘瘤和瑕疵、我们的普通日常品质就在那里(Lewis，1979，p. 13)。

因此，

> 人为景观——人类所创造并放置于地球之上的普通而平
> 87 常的东西——为说明我们在过去、现在和形成过程中是什么样的人提供了有力的证据(p. 15)。

所以景观就是文本(参见：Rose，1980)：

> 对于知道怎样正确地阅读的人来说，英国景观本身就是

> 我们所掌握的最丰富的历史记录(Hoskins,1955,p.14)。

其他一些关于景观的研究,虽然并未表示为存在主义的,但也把景观看成反映过去社会的传记,并认为保护此类景观有助于人类认同身份。例如,洛温塔尔(Lowenthal,1975a,p.8)在其关于美国景观的论文中认为,“直接认识到各种结构的持久性,可以给居民们一种根植于某个地方的存在感”,并说明景观特征有创造一种对“悠久而光荣的过去”的共同记忆的作用。他后来指出,“我们要知道的过去并不是……不断地经历过的现在”(p.25),所以:

> 我们塑造着景观和人造物,以符合满足我们趣味的(公共和私人的)虚幻历史(p.36)。

这样,当存在主义者利用景观来提供关于早先社会的信息时,洛温塔尔却声称:是社会重新创造了景观,以表达对过去的幻想(参见:Lowenthal,1985)。他断言这表示了一种对历史的漠视(Lowenthal,1975b)。这就在传记中又写下了新的一章,并说明了具有那种漠视特征之社会的性质。

那么,景观是社会在和环境相互作用中创造的,产生了科斯格罗夫(Cosgrove,1984)称谓的:

> 通向观察之路——某些欧洲人用于向他们自己和其他人再现关于他们的世界和他们与这个世界之关系的一种方式,他们通过它说明了社会关系(p.1)。

因此，

> 景观不仅仅是我们所看到的世界，它是一种结构，一种这个世界的复合体(p.13)。

正因为如此，它不容易受实证主义研究的影响，因为它不是能够“从外部”研究的东西。景观是由人们根据他们想象的与自然的关系，他们的社会角色以及他们对他人与自然间联系的解释，来创造和解释的。因此，正如他在有关意大利、美国和英国的一系列文章中所描绘的那样，不同的社会在其各具特色的景观中表现出它们的个性。

地方感

88 一种与直觉现象学的目的及其对纯意识要素的探索最为接近的研究领域，是关于人(个别的或群体的)和地方之间的联系。应该注意，大多数这种研究都用隐含的现象学内容，而不是“作现象学研究”的明晰意图来阐述地理学。段义孚(Tuan，1976)把这认定为人本主义地理学的主要论题之一，即“从纯空间向……某种强烈的人文地方”(p.269)的转换。他把这样一种过程表示为更一般的“地方倾向”(topophilia)概念——即信奉“一切人类的活动都与物质环境拴在一起”(Tuan，1976b，p.93)——的一个例子。他的很多工作都曾探讨了与这个一般概念有关的论题(例如：Tuan，1977)。

根据某人本主义地理学者的看法，地方感是“理所当然”世界

中一个基本要素。他的研究以这样一种公理为基础,即

> 地方确实是世界上大多数存在的一个基本方面……对个人和对人的群体来说,地方都是安全感和身份认同的源泉。

随着就是以下陈述:

> 重要的是,经历、创造并维护各种重要地方的方法并没有丢失。但又有很多迹象表明,正是这些方法在消逝,而“无地方感”——地区的淡化和地方经验的多样化——现在成为一种优势力量(Relph,1976,p.6)。

这里可能存在某些自相矛盾的东西:如果地方感是“纯意识”的一个要素——注意,雷尔夫并未如此断言——那么它会被变化着的社会所创造的无根感所取代吗?雷尔夫显然相信可以用景观规划(或通过某种无规划)来创造或至少是促进地方感,以取代工业社会和后期资本主义景观的非真实性,这要通过:

> 允许个人和群体有制造他们自己地方的机会,有改善这些地方并居住在其中以赋予它们真实性和重要性的机会(p.146)。

显然,基于人本主义方法的此类工作,与本来应在前一章中讨论的行为主义或实证主义关于景观设计和“意境地图”(mental map)的

作品之间，有着密切的联系。这种工作从诸如景观建筑师凯文·林奇（Lynch，1960）在《城市的形象》和论形象之创造（Downs and Stea，1977）中所做的那些工作里得到灵感。然而，那些行为主义的研究从用调查表调查和类似调查中获取资料，并对它们作统计处理，而人本主义方法却专注于文本和无前提方法。文本的性质是有广泛差别的。正如本章已阐明的那样，有些人曾经把景观本身用作人类意图的储藏所（参见：Hugill，1975）。文学也曾被用作
89 “对人们如何经历他们的世界的一种透视”（Tuan，1978，p. 194）。根据段义孚的看法，文学可以对人本主义地理学者提供三种形式的帮助：它是揭示人类经验方式的一种思想试验；它是阐明对某一环境的文化感知的一种人工产物；它是地理学综合和写作的一种模式。照波科克（Pocock，1981a，p. 346）看来，“文学的本质正在于显然关注于特殊时揭示一般”，文学（就像一切艺术工作一样）是具有特殊“感知见识”（Pocock，1981b，p. 15）的艺术家关于当代形势的研究。

地方感经常被理解成包含个人或群体及其（本土的或借居的）居住区域（包括他们的住房）之间的感情纽带（见：Duncan，1981）。但是被赋予意图的还不仅仅是此类居住区域。对大多数人来说，还必须构筑一些重要的空间区域来形成一个生活世界，因为“空间是一切思维模式的一种基本框架”（Sack，1980b，p. 4）。在一篇关于社会思想中各种空间概念的评论中，萨克（Sack）所做的思维模式分类是在一个二维框架内：第一维是主观或客观的连续统（与主题和分析方法二者都有关系）；另一维是空间或实体维——其一极只专注于空间形式，而另一极专注于在一种非空间关联域中研究

的现象。然后他在这个框架内鉴别出两种主导的思维模式：

1. 精致的划分模式是艺术、社会科学和自然科学的特点，因为它们都把现象从其背景中抽象出来，并用一些符号表示它们(例如地图，Blakemore，1981)，只是考察部分而不是全部。

2. 非精致的融合模式则既非抽象也不以利用符号为基础，还没有专门化。

前者并不一定就是实证主义的或行为主义的。萨克讨论了梦的分析和艺术的工作，虽然他断言：

> 可能还是不可能存在……一门[关于空间主观概念的]科学，这是一个我们不会去考虑的论点……[但是]放弃这种企图而不提供一种理解人类行为的替代模式，就是丧失获得知识的信心(Sack，1980b，p. 116)。

关于非精致的融合模式，他分析了儿童的空间观、成人的规范实践观以及神话和巫术中表现的空间，然后着手研究不同科学中各种模式的混合状态。这种研究显然具有强烈的人本主义基础。其目的是明确的：

> 既然我们在地球上的行动源于我们对世界的观点，那么分析思维模式中地理空间的意图将使我们能更好地解释空间中的实际行为(Sack，1980a，p. 314)。

而且因为“地理空间是在不同时期、不同文化、以不同方式来看待

90 和评价的”(Sack,1980b,p. 3),这就意味着此类行为解释将是时间和空间上特定的。

与地方感的概念以及个人和群体的空间构建联系在一起的,是**领土性**(territoriality)概念。对此的理解,通常是以和地方感完全一样的方式作出的——“该理论认为动物、个人和群体都认同并保卫各种空间范围的领土”(Seamon,1979,p. 69)——但对某些人来说它显然意味着更多意思。(因此,可将它看做深层结构的一个例子,正像下一章里“作为构成物的结构”那一节所讨论的那样,见第97—101页)。对地理学者来说,就像对很多其他社会科学者一样,对哺乳动物中领土性的鉴赏,是随着阿德里(Ardrey,1969)在《领土的规则》中推广个体生态学研究以及莫里斯(Morris,1967)的同类阐述而来的。根据阿德里的说法:

> 领土概念作为很多物种行为的一种遗传上的决定形式,今天是毫无疑问地在生物科学中认可了(p. 13)。

人也在地图上画出领土,例如围绕作为个人的他们本身、围绕他们的家庭和围绕他们的国家。他们这样做是因为他们喜欢呢?还是像动物那样因为他们必须?(领土性是纯意识的一个要素吗?这是一种下一章中要讨论的深层结构?)他断言后者是事实:

> 我们像我们所做的那样行动,其缘故是我们演进了的过去而不是我们文化上的现在……从主人的围栏后面向你吠叫的狗,其行动的动机并不能与它主人在建造围栏时所具有的

动机区别开(p.16)。

领土性概念的多数地理学应用，一直基于一种与动物行为的一般类比，而不是作为现象学研究的结果。(参见：Tuan，1976，论群集。)所以在个人和邻居尺度上，还有在国家尺度上(随同与之相关的惧恨外国人的概念)社会疏远的实际，一直被当作与多数社会中的阶级冲突地方性流行病相联系的学习行为来对待的(Johnston，1980a，1982a；Cox，1985)。

对领土性进行了最详尽分析的地理学者是萨克(1983)。他重视领土性作为“一种影响或控制策略”的社会运用，并回避“人类领土性是否是一种生物动因或本能的问题”(p.55)。他的领土性定义是：

> 个体或群体(x)通过划界和宣称对一块领地的控制，来影响、作用或控制客体、人和各种关系(y)的企图(p.56)。

这种通过空间策略宣称控制所涉及的十种趋势被鉴别出来；利用这十种趋势的不同组合，显示出权力和权贵的领土主张如何被用 91
于促进社会和个人目标。在其应用中没有什么决定论的东西。领土性是由人类提出并作为一种社会和个人选择的产物来应用的策略——虽然萨克承认可能存在：

> 某些状况和环境，其中领土性是获取[某种]……优势的初步手段甚或必要手段(p.72)。

人、自然和景观

社会及其生境之间的关系一直是各种学者的一个兴趣源泉，就像格拉肯(Glacken,1967)的权威调查显示的那样。这样一个论题对人本主义地理学者来说显然是有兴趣的，虽然它像更多的其他论题一样也曾受实证主义思想的影响，因为寻找需要可对景观质量、评价和各种偏好作普遍概括的技术(Penning-Rowsell,1981)。

对人本主义地理学者而言，对景观中意图的研究并不是某种易受实证主义分析影响的东西，虽然照阿普尔顿(Appleton,1975,p. VII)看来，陈述假设和发展理论都是可能的。阿普尔顿把他的研究建立在景观基础上：

> 假定我们对景观的美学反应部分是天生的，假定只有当我们为这些反应提供一种可被与自然环境协调的机制自发领悟的符号象征时，才能使它们运转起来，以这些假定为根据……那么一个观察者必须力图再创造关于那个原始关系的某些东西，以便把某一生物与其生境联系起来(Appleton,1975,p. VII)。

这样，阿普尔顿就假定或假设：纯意识包含某些要素，而不是以一种无先决条件的方式寻求这些要素。阿普尔顿对这种天生美感的探索是在动物个体生态学中开始的，从中他得出生境理论的主要假设，即动物根据它们的基本需要对其环境作出反应。对于一种生境中的一种动物，他鉴别出四种主要活动——追猎、逃脱、寻求庇护和探索——由此他又导出两种原始活动——察看和躲藏。环境必须为这些活动作准备，产生他称之为盼望庇护理论的东西，这种理论“为考察景观的美学性质”提供了“一个参照框架”(p. 79)，他还清楚地指出这并不是唯一可行的框架。(作为一种替代，曾专注于环境的舒服程度。参见：Lowenthal and Prince，1964。)他这本书的其余部分阐明了阿普尔顿对这种理论在广泛视野内可行性的信念。段义孚(Tuan，1979)也曾考察过部分同样的论题。

日常世界

人本主义思潮很少应用于研究日常生活世界中的人。西蒙(Seamon，1979)的工作是一个例外，他应用现象学探讨了三个论 92
题：运动(movement)、休息(rest)、遭遇(encounter)。运动与对待日常环境有关；休息与人—地依恋有关；遭遇与对世界的观察有关(p. 17)。他的方法包括应用“环境经验小组”(类似于斯皮格尔伯格〈Spiegelberg，1975〉提出的实验班，专注于共同遭遇和探索)，它由聚在一起分享其环境经验的人组成。西蒙录下、写下并讨论了其各种过程，在这个进程中他鉴别出他的三个论题。他声称这三个论题一起构成了一种地方芭蕾舞(place ballet)。这包括：

> 形体芭蕾……一套证明一种特殊任务或目的的综合手势和运动(p. 54)。

结合着

> 时—空惯例……一套通过时间的某一重要部分扩展的习惯性形体行为(p. 55)。

这样,

> 形体芭蕾和时空惯例在一个有支持作用的自然环境中混合,从而产生地方芭蕾舞——很多时空惯例和根植于空间之形体芭蕾的一种相互作用(p. 56)。

对这种综合的中心地位的鉴赏,可以导致某种人本主义的应用,在要对地方做规划的人和居住在那些地方的人之间的对话中:

> 局内人终于发现他们居住在其中的那个地方的一个理所当然的组分。他们通过他们自己的经验认识到地方芭蕾舞的价值;他们感觉到一种要证明存在地方芭蕾舞并要培育新的地方芭蕾舞的愿望。在这同时,局外人认识到地方芭蕾舞在他们的管辖权之下;他们作出一些规划和政策来保护地方芭蕾舞,并把它们的动态综合到更大的环境整体中去(p. 152)。

西蒙关于日常世界的研究完全根据胡塞尔的现象学(例如,与舒茨就毫无关系),而莱(Ley,1974)对费城内城日常世界的研究却把一种理念论观点(两种影像的相互影响:一种对于内城是外部的,另一种是内部的)与和解社会学(transactional sociology)的观点结合起来,他认为:

> 在这样一种社会世界中，正是日常的语言交流增强了世界的现实性，并且确实形成环境的外观(p. 47)。

居民们通过交流，创造和再创造着他们的环境。莱在一个内城区中的参与性观察，使他识别了在显著不确定性形势下产生的那些环境的性质。(他用来形容那些环境的比拟是“边区村落”。)例如，93
对行人来说，某些街道使人感到不如另一些街道安全，人们的运动格局中就要避开它们，这种地区已由划定各种街头帮派的范围(地盘)的那些墙壁涂写标示出来了(Cybriwsky and Ley，1974)。

时间地理学

日常世界研究的一个方面在70年代变得非常流行，这就是时间地理学。它是从哈格斯特朗(Hagerstrand，1970)的一篇论文中发端的，哈氏认为在区域科学和规划中：

> 必须把时间和空间放在一起考虑……当时间把人和事配合在一起，从而在社会—经济系统中发挥作用时，它具有极端的重要性(p. 10)。

他认为个人行为上的强制力就是时—空棱柱体：可适用于一定时间的最大地区范围。这种强制力具有三重性：能力，与人的生物性质(尤其是睡和吃的需要)及在其控制下的手段有关；结盟，与很多活动的结合有关；权力，施行于人以把他限制在某些地方或时间之内而在别的地方或时间之外的那些力量。

在哈格斯特朗那里,对个人传记的研究应当指出作用于人们的强制力,并导致更好的空间规划潜力。(与西蒙工作的关系是非常密切的。)这产生了很多关于传记的经验研究(Martensson,1979),它们虽然都有更多的经验性基础,但都隐含地利用了舒茨和韦伯的理想典型方法。照普雷德(Pred,1977,p. 210)看来,哈格斯特朗对时间地理学的构想是:

> 出自一种对"生活质量"和日常行动自由的人本主义关注,因为个人行动是受现存的和可供选择的技术、体制、组织和城市形式影响的。

这些经验程序和发现已被应用于瑞典各种各样的规划情况中。普雷德认为也可将它应用于研究一门学科的知识史(见:Pred,1979),用于重新解释历史事件,用于研究社会中的异化,用于改变家庭生活结构。(参见第 114 页中关于结构化的讨论。)

普雷德提出的关于时间地理学较广泛作用一些例子,包括卡尔斯泰因(Carlstein,1980)的研究,该研究根据时—空资源来重新解释前工业社会的经济地理。但是,正如下一章将要进一步讨论的那样,虽然卡尔斯泰因声称他的方法将本质与表象分开
94 (p. 58),但其主要推动力却是结构主义的而不是人本主义的。他清楚地指出该方法"不……赞同现象学的生活世界框架,也不把余下的内容限定在一种原子论的或行为的水平上"(p. 61)。所以时间地理学已被大大扩展到最初的阐述之外,以至于企图"把时间牢固地放置在人文地理学者的头脑中",帕克斯和思里夫特(Parkes

and Thrift,1980,p. xi)还采取了一种他们称为时间地理的(chronogeographical)更为广泛的观点。他们的处理方法主要是实证主义的,表现了一个很难归于哪类的领域(正如 Carlstein,1980 指明的那样);它包含本书中讨论的所有方法的一些要素,但不一定综合在工作的任一部分里。

评　　价

要评价人本主义地理学并不容易,因为不像实证主义的工作,它没有可借以评价的明晰标准。其目的不是增进解释和预测能力,而是增进理解,在解释学的意图上这完全是一种观察者个人的事情,在相干的地方也是被观察者个人的事情。因此,照这样就不可能有进步,因为其工作不能累积。唯一实在的评价在于,有关人们是否感到他们的理解和他们将来的行动都会因这种工作的结果而变得更好。在一门学术性学科里,这牵涉到研究者和学生之间的一种深一层的解释学关系,在他们之间可能至少有一个或许几个过滤器(研究论文或专著、教科书、教师)。

某些人本主义途径比另一些较少原子论,因为它们力图鉴明"普遍知识"或纯意识的要素。如果此类目标可以达到,那么这肯定会提供某种概括能力,虽然此种能力将如何实现或其结果将如何交流尚不清楚。正像这里已说明的那样,除极少的例外,地理学者在任何情况下都不曾试图朝"普遍知识"方向进行,而在他们试图这样做的地方,所采取实证主义观点常常像所采取人文主义观点一样多(见:Gregory,1978a)。这并不是遮掩人本主义者传统中各种尝试和分析的影响。正如恩特里金(Entrikin,1976)和其他人已指出的那样,这些尝试和分析对实证主义思潮提出了强烈的批判,并指明了意向和意图在任何人文地理学研究中的中心地位。

人本主义地理学研究中有一些问题,正如对其目标和结果的传达有一些问题一样。其中一个问题对很多人来说最为重要,即交流问题,尤其是在受到语言限制时。像奥尔森(Olsson)在很多文章中已说明的那样,人文世界充满着模棱两可和复杂性,而语言
95 把其多数转换为确定性(Olsson,1978)。对他来说,人本主义的方法:

> 使我们掌握无意和无声交流的外在确定性和内在模糊性。因此,声明支持模棱两可并不是宽恕模糊性,而是要达到一种使内在矛盾保持原样的准确(p. 118)。

他力图避免把客体非物质化为思想(Olsson,1979,p. 304),力图发展一种其中语言的限制(这并不是唯一的论题)不会歪曲信息的社会科学。现在他声称:"判断为真的东西,恰恰不会与这个判断用以表达的语言无关"(Olsson,1975,p. 26),这个陈述不仅适用于书面语言,而且适用于大多数分析手段。(例如,"重要的事物是可以被计量的事物;可以被计量的事物是可以被指出来的事物;可以被指出来的事物是可以被明确命名的事物。关于这类正名之知识的积累就必然成为科学家竞技的关键"——Olsson,1982,p. 227。)所以,现实的模糊性不应当被诸如数学和统计学那样的语言所歪曲,不仅是因为这样做会妨碍认识的发展,而且因为若将它用作(或可

能用作）社会工程（规划）的基础，会把世界限制在目前的界限内而得不到发展（参见：Pred，1981a）。

从其最广泛的意义上看，语言问题对人本主义地理学是固有的，正像对所有人本主义的事业一样。其他一些问题涉及人本主义思潮及其倾向的相干性。主要的批判来自两方面。第一主要来自实证主义者，他们认为人本主义思潮是主观的因而是不科学的；它也可能具有一般意义，但是与在后期资本主义世界中创造更好的客观条件没有多少关系。第二主要来自结构主义者，他们把人本主义工作中对个人的原子论专注看成是对现实的歪曲；它给个人行动自由，而事实上这时他或她受他们控制不了的外部环境的极大强制甚至压抑。对此类批判的部分回答是，声称某些人本主义方法至少具有科学目的，因为它们力图揭示控制着所有个人行为的普遍知识的性质。然而此类目的并没有大量呈现于人本主义地理学中，其大多数都专注于特殊性并强调唯一性。它说明了人的主观性和复杂性，并确信意图的重要性，但仍然是相当散漫的文献，是一种其建议很少得到支持的批判。

人本主义思潮的认识论着重知识的主观性。人是一种有思想的生灵，人的意向性创造他或她在其中行动的世界。因此这种思潮的本体论是：知识只能从存在于人类头脑中的东西中获得。这 96
包括多个层次：常常不予考虑但却被接受了的理所当然日常世界的那些要素；被带进生活世界或行为环境中的那些新要素；把这些要素联系在一起并提供表现和行动之框架的那些理论；构筑这些理论及包含在创造行为环境中的感知过程的那些纯意识成分。人本主义思潮力图探索这些不同的层次以获得对人的认识。人本主

义地理学则探索与其主要论题有关的那些方面:人与环境的关系,以及人与人在其特定空间关联域内的相互关系。所取得的认识被用来帮助各种个理解他们自己,从而增进他们自我知识的深度,并使他们能够改善他们生活的质量。

第四章　结构主义思潮

结构主义思潮以一条公理为其特性，该公理就是：对所观察现 97
象的解释不能只通过对现象的经验研究得出，而必须在支持所有现象但又不能在其内部辨认的普遍结构中去寻找。这种观念具有很长的历史。例如，在许多宗教中相信生命是由上帝创造的，这意味着要理解生命就需要理解上帝的意图。晚近的结构主义认为，可以通过理论结合观察/分析来认识潜伏的结构。

结构主义这个词在整个社会科学和人文科学中都应用得十分广泛。例如，罗西(Rossi，1981)区分了经验结构主义和转换结构主义这两个概念。前者以对社会结构的研究为特点，尤其是在社会学领域，它强调系统中的相互依赖，这经常被称为结构—功能主义(参见第 48 页)。另一方面，转换结构主义则表达了如下的思路：

> 转换结构主义者们发现，实证主义和行为主义的假设不仅是天真的，也是错误的，因为这些假设只是在其表面价值上把人们的有意解释和公开行为当作科学分析的对象……我们必须在表面结构之外，去发掘能说明多种多样可观察现象或有意解释及其表面矛盾的深层结构和实际结构(Rossi，1981，

p. 63)。

因此,结构主义者不仅认为有必要在表面现象之下去探究以便找出解释,而且认为这种分析将揭示提供社会运动之动力的普遍结构。

即使在转换结构主义内部,也存在多种多样的思路和方法上。并非所有的思路和方法都与本书有关,这里主要说明其中的两种。

作为构成物的结构

这类工作的基本特征是认为:在观察时看起来非常零散的语言、亲戚关系、神话、禁忌等文化现象,事实上是人类意识中非常普
98 遍的少数几种基本结构的转换。发现这些结构就涉及对人类存在本身之性质的确认:

> 文化现象和社会现象……被认为是人类意识所产生的结构模式在外部世界的投影。更进一步看,在最基本和最抽象的水平上看,这些模式的种类是非常有限的。在直接可观察的各种文化现象中可辨明的这些零散结构模式,都是全部人类共同之少数几种精神结构的转换(Leach,1981,p. 29)。

这些结构(通常称为深层结构)不能直接从社会科学分析中获得,而必须通过研究它们在可观察现象和行为中的转换来揭示。

这种结构主义探究形式的起源一般可追溯到索热尔(Saussure,1966)的语言学工作。他在那里强调了标识者——某一特定语言中的所用词汇——和被标识者——该词汇所代表的概念——之间的区别。他认为：

> 标识者和被标识者之间的关系不是天生的或固定的，而是社会的，因而是无限可变的。因此，符号本身的性质完全是任意的。由于标识者和被标识者都能够采取任何形式，由于符号可以组合成无限多种语言，所以在语言研究中应将适当的焦点放在关系特征和结构特征上(Heydebrand,1981,p.82)。

这一语言学工作中强调并明确建立在标识者/被标识者关系上的进一步区别，存在于话语(parole,日常生活中的话言行为)和语言(langue,其规则被理解以使得话语活动能够被解释的语言系统)之间。前者是后者的一种转换：结构语言学家分析话语，以求确定语言系统的基本特性和控制着交流并被认为打上遗传学烙印的各种规则。

语言学领域中转换结构主义的发展与诺姆·乔姆斯基(Noam Chomsky)的工作有关。他认为语言的共同原理是如此明晰，以至于儿童能够通过聆听其父母的谈话轻易地提炼出其母语的结构性原理，语言系统必然是“生物决定的”，且“在遗传上由父母传递给孩子的”(Lyons,1977,p.7)。因此，语言研究应该可以将一种语言转换成另一种语言，从而抽象出普遍原理来。这些打上遗传学烙印的原理就是深层结构，结构主义的探究目的就是确认它们(Smith and Wilson,1979)。

在社会科学领域内,转换结构主义的引入特别与法国社会人类学家克劳德·莱维—斯特劳斯(Claude Levi-Strauss)的工作有
99 关。他的著作受索热尔语言学的强烈影响,使他得出“人类行为由超越人类控制之外的下意识力量预先注定”的结论(Kurzweil,1980,p. 27)。辨别这些下意识力量需要研究作为某一深层结构之转换的某一特定现象(例如神话)的每一事例。分析应该表明:每一事例都是所有其他事例的一种代数转换,因而每一事例也是深层结构的一种代数转换;人类大脑中的生物学烙印元素是被文化动因操纵的。这样,人具有一种上层结构,这是观察到的现实;又有一种深层结构,这是思维构成物;在它们之间有一种中介力,它将后者转换为前者。正如格雷戈里(Gregory,1978a)所言,莱维—斯特劳斯提出了类似于凸轮轴驱动切割机制造拼板玩具的转换过程。每一块拼板都可能有其独特的模样,因而这种转换向玩拼板的学生揭示了一个共同因素:即那驱动凸轮并产生每一种拼板模式的深层结构。作为一个结构主义者,莱维—斯特劳斯热衷于辨别和理解这个“齿轮箱”的性质。

莱维—斯特劳斯的观点有点类似于本质现象学者的观点,类似于他们的“纯意识”(参见 p. 57)。如同利奇(Leach,1974,p. 26)所说:

> 既然一切文化都是人类大脑的产物,那么在表象背后必然存在着共同的特质。

这种观点可以延伸到历史学研究，历史学“为我们提供过去社会的各种景象，而这些景象不过是我们已知社会景象的结构转换”（p. 15）。此外，按照某些解释，由于这种转换是由机械的方式表达的（与实证科学中的统计方法或概率论方法相对），一旦辨别出深层结构，预测就成为可能：

> 通过将社会系统的深层结构分离出来，机械模型使得我们能够通过转换操作将不同的系统相互联系起来，并能够预测当其中的一个或多个因素变化时系统将发生什么样的变化（Rossi，1981，p. 75）。

莱维—斯特劳斯的方法发展了索热尔语言学中所用的方法，这种方法重视动态及标识者和被标识者之间的同时性关系。例如，神话中二元对立的解决，使他能够辨别其基本要素，这又能投射到其他现象的基本要素上。这种必须实现成功投射的转换，导致了对深层结构的辨别。这种方法论的复杂性质以及莱维—斯特劳斯对待证据的某些方法，已经招致了引人瞩目的批判（参见：Leach，1974，1981）。这表明在社会人类学中，转换结构主义的理论和实践之间仍然有相当大的差距需要跨越：根据很多人的意见， 100
深层结构的思想仍有待转换成有说服力的科学概念。

莱维—斯特劳斯曾经对社会科学产生了显而易见的影响，特别是在法国（Kurzwel，1980）。但据说这种观点现在不再得到强有力的支持：

> 一些读者可能会认为发掘下意识的文本是多此一举，或者对许多烦琐的分析感到厌烦。另一些人则会反对形形色色的结构主义，因为它们并没有像原先承诺的那样回答人类起源的问题和存在的问题。或许结构主义者的目标是无法实现的：但他们确实引入了一些令人感兴趣的、建设性的分析模式（Kurzweil，1980，pp. 244—245）。

在其工作显然属于“作为构成物的结构”之类的研究者中，还有一位是瑞士哲学家/心理学家让·皮亚热（Jean Piaget）。他把一个结构定义为一个转换系统，由三个关键的观念组成：整体、转换和自律。正是整体的特征把某种结构与某一集合体分辨开来；在前者当中，每一个成员都与每一个其他成员相联系；但在后者当中，由于其随意性，就并非如此。转换的观念类似于乔姆斯基和莱维—斯特劳斯所表达的：

> 如果有结构之整体的特征取决于其组成规律，这些规律就必然是其可构建性这一性质。正是同时具有可构建性（structuring）和有结构性（structured）这种永远的二元性或二极性，说明了结构主义者所采用的规律或规则之概念的成功（Piaget，1971，p. 10）。

最后，自律意味着转换只能诉诸结构本身。这是一个封闭的系统，其中转换起着保持平衡的作用。

在他关于结构主义和结构的讨论中，皮亚热（Piaget，1971，

Chapter 6)显然区分了两种类型。总体结构主义(global structuralism)是关于诸如社会集团那样的自律整体的研究:这种结构是各组分的直接整合(按照第48页的说法,它们的研究属于结构—功能主义)。另一方面,分析结构主义(analytical structuralism)则诉诸其组成从某特定源泉中导出的整体,即深层结构。因此,总体结构主义诉诸强加在某一主题上的理论构成物,而分析结构主义则诉诸经验上给定——即存在——的整体。

皮亚热自己的工作是关于分析结构主义的,包括探寻控制人
类智力发展的结构。他把个人看作是从一种结构起源的智力功能 101
化程式,它包括完成下列两种事情的能力:将新材料消化吸收到现存的先验图式中,使先验图式适合外部世界的经验(参见:Boden,1979)。利用这两种孪生的能力,学习的进行就如同一种不断转换的连续过程。结果产生更多的智慧和能力以在经验世界中行动。因此,

> 其他动物不能改变它们自身,除非改变其物种;而人类则能够通过转换这个世界来改造自身,并通过构成各种结构来构造自我,这些结构是他本身拥有的,因为它们既不是从内部也不是从外部在外在上预定的(Piaget,1971,pp. 118—119)。

所以,皮亚热不像某些现象学家,他不相信存在对于人类意识而言是固有的某些本质,所固有的只是消化能力和调节能力。利用这种形成初始结构的能力,产生了学习和行为,作为结果,结构就不断地转换。皮亚热说明了这种转换是如何发生的,它需要智力,特

别是在儿童的学习过程中。

作为过程的结构

“作为构成物的结构”中所表现出来的转换结构主义学派，把被观察现象（标识者）看成是人类意识中打上遗传烙印的深层结构的表现；而这里所讨论的这个学派，则把现象看成是建立在存在之物质条件基础上的下伏社会结构的表现，并无意将这种结构与深层结构联系起来。因此，总的观点是同样的，不同之处在于：首先，转换的结构是在社会（下部结构或基础）层面而不是神经层面上辨别的；第二，结构本身也在不断地转换着，因此将它定义为“作为过程的结构”这一类型。这就导致了在理解的途径和分析的性质上存在许多其他的不同之处。

具有“作为过程的结构”之典型特征的最大学术团体是马克思主义，这一学派对当代地理学的影响也最大。一位马克思主义学派的主要编年史学家曾指出：“与马克思主义解释有关的任何问题，很少有不产生争论的”（Kolakowski，1978，v. 1.，p. vi）。这里所能做的就是勾勒出马克思主义用以认识社会之方法的基本特性，以及关系到当代人文地理学工作有关进展的要点。

102

马克思主义、历史唯物主义和社会科学

卡尔·马克思的大量著作——有许多是在他死后很久由其他人出版的不完整手稿——已经激发了众多社会思考和政治实践，

其动因有本质上的区别。例如，吉登斯（Giddens，1979，p. 150）辨别出七种对马克思著作的不同解释：作为历史分析的一种方法论规定；作为研究人类生活的一种手段；作为对劳动在人类社会中重要性的一种强调；作为社会变革的一种理论；作为上层建筑和下部结构之间关系的一种理论；作为人类意识的一种理论；作为强调阶级关系和阶级冲突在人类社会的中心地位的一种理论。马克思的追随者们已经分别地或部分结合地建立起这七种解释。例如，斯克莱尔（Sklair，1981）在 20 世纪英国社会学中分辨出的四种不同的马克思主义。前两种与马克思自己的工作有关——大约以 1857 年为分界线（Kurzweil，1980，p. 42）。第一种，即“早期”马克思主义，其重点是异化问题和劳动分工。第二种，“后期”马克思主义，它转向了斯克莱尔称谓的“机械唯物主义”，或“认为经济最终是决定一切事物的分析方法”（p. 152）。第三种，后列宁主义，涉及权力、意识和霸权主义问题。最后是 20 世纪 60 年代的阿尔蒂塞（Althusserian）结构主义，它是对经验主义的批判，它声明其科学地位，集中关注生产方式的根本性，并采取了一种整体论而不是个别论的视角——拒斥了早期马克思主义中的“人本主义”。最后这一种通常被放在与其他马克思主义的许多内容相对立的地位。对于人文地理学者来说，要清楚地分辨出马克思主义的这些学派是很难的（虽然邓肯和莱〈Duncan and Ley，1982〉认为阿尔蒂塞的论点在某些工作中表现得更为典型：参见 p. 137）。因此，在这里不作分别说明，而只是对马克思的主要命题及其发展加以回顾。

马克思的著作源于他的哲学训练和他自己的人本主义形式。按照他的观察和分析，人们正在变得非人性化。马克思的目标是

通过揭示非人性化社会的运作，并以特定方式指出人们应该反对（非人性化）并创造一个新的、更人性化的世界，来恢复人们的人性。因此他的工作是：

> 旨在唤醒无产阶级关注其在历史中客观的、潜在的解放角色（Sensat，1979，p. 69）。

而且，

> 马克思对现存社会的批判，只是在他对新世界之看法的特定关联域中才有意义，在那种世界中，每个人生活的社会重要性都直接对他显现出来（Kolakowski，1978，v. 1. ，p. 131）。

马克思对社会非人性化分析的核心是**异化**概念。他用这个概念来
103 表示工人与他们自己的劳动、劳动成果及自然的分离（Johnston，1984c）。在资本主义制度下，劳动是一种被在市场上买卖的商品，并由此与工人异化。当劳动分工变细后，异化也随之增加。这种非人性化影响资本主义社会的两大阵营（资产阶级和无产阶级）：

> 在资本主义生产中，无论是工人还是资本家都不是作为人而存在：他们的人性特质已经被剥夺了。因此，当无产阶级的阶级意识逐步形成……为一种解放意识时……由于同样的原因，一个工人就重新变成一个人……而对于资本家，由于他们沉溺于他们自己的非人性化及其带来的财富和权力之中，

> 他们不能作为一个阶级团结起来对抗他们自身的非人性化。因此，虽然两方面都同样被非人性化，但只有工人受到这种境况的刺激而进行反抗和社会斗争（Kolakowski，1978，v. 1.，p. 287）。

所以，按照马克思的说法，是资本主义社会的性质产生了异化。异化影响了社会的所有成员，但只有无产阶级承受着经济和人格上的剥削，所以只有无产阶级能够激励起来去推翻资本主义制度并创造一个更新、更人性化的社会。

马克思所发展的经济分析形式，建立在大卫·李嘉图（David Ricardo）早期关于劳动价值理论（关于马克思主义经济学的简明介绍，参见：Smith，1981）的基础上。在资本主义经济制度里，个人必须出卖他们的劳动力以维持基本生活水平，由此才有劳动力的再生产和作为一个整体之社会的再生产。劳动被出卖给某个资本家，他用它来制造可出售的产品。资本家的目的是以尽可能高的价格出售产品，同时尽可能降低劳动成本。这两者之间的差价，通常被称为**剩余价值**，是对资本家的回报，也是利润的源泉。因此剩余价值是一件商品的售价与其生产成本之间的差额，生产成本由劳动成本和位于生产链上游的劳动制造的“死劳动”（机器、原材料等）成本构成。利润率是用剩余价值除以总成本（劳动加上死劳动）。

按照马克思的说法，资本家的目的是使利润率最大化：“通过剥削剩余劳动来满足其自我增长的永不满足的胃口”（Kolakowski，1978，v. 1.，p. 291）。资产阶级积累的剩余价值部分被用于消

费，花在劳动生产过程的产品上。其余部分被投资在扩大生产，创造更多的剩余价值并使资产阶级的延续再生成为可能。资本家无
104 休止地追求增加其财富储备，追求积累。

为了达到他们的目标，资本家们必须将劳动力成本保持在和售价相比尽可能低的水平。为此，对于任何特定的商品，他们都通过增加劳动生产率（每单位劳动成本产出的剩余价值量）来寻求降低单位劳动成本。这是通过增加在死劳动（特别是比人力本身更有生产效率的机器）方面的投资来实现的。因而技术进步对资本的持续扩张至关重要。为了增加剩余价值水平和利润率，资本家们必须不断地投资以革新生产手段。

然而，这种表面上永无尽头的技术发展过程并不是一帆风顺的，资本主义的进程不时被一系列危机打断。如下所述，这是因为资本主义以许多内部矛盾为其特征。例如，它追求提高劳动生产率，这意味着在每一项生产中都减少劳动投入。同时，它又追求增加剩余价值量，这又只能通过增加劳动力来实现，因为劳动是价值的唯一源泉（Shaw，1978，pp. 86—87）。只有当产品的市场增长速率至少不低于技术进步带来的产量增长时，这两者才可能实现。而市场至少部分由那些工人构成，他们由于技术进步而多处于半就业或失业状态，其工资也因此被压得很低。

这些矛盾的结果，就是在资本主义经济体系内部有一种利润率降低的趋势。当不断增长的生产能力超过了销售能力时，这就会发生在个别行业或若干经济部门。这导致该部门的资本家从预期潜在回报低的地方抽回投资，而重新将其资本投向预期潜在收益率高的其他部门。同时，在任何一个部门中，较为成功的资本家

将由于竞争者的撤出而获得更大的市场份额。因此，当一个行业或部门的利润率下降时，所有权将集中到更少的人手中，而所实现的剩余将投向其他行业或部门。

资本主义制度的特征是：资本在追求高利润率的过程中从一种产业向另一种产业流动（剩余价值的积累不是被资产阶级完全用于消费）。按照马克思的说法，资产阶级并不关心生产什么，它有什么用途，而只关心所获得的利润。但这种资本流动造成了一种不同行业部门之间利润率趋向平均化的趋势。这将导致比上述危机的更加普遍的危机：它们影响绝大多数经济部门，如果不是全部的话；并造成普遍的生产过剩（或者消费不足）问题。资本主义制度已经发展到使它生产商品的能力远超出其消费这些商品的能 105
力（后者部分反映了资本日益集中，商品交换价值中相对更少的部分被返回给无产阶级来用于消费）。因此，它必须重建其本身，必须在能够获取利润和值得投资的地方创造新的条件。（这里所用的“地方”至关重要，因为正如哈维〈Harvey，1982〉指出，重建必然是一个空间过程。）正如已强调过的，这种重建在某种程度上是连续的。但并非完全如此，按照马克思的解释，存在偶然的重大危机：

> 资本借助于周期性生产过剩危机克服其矛盾，这种危机摧毁大量的小业主并在劳动阶层中造成恐慌；在这之后，市场均衡将复苏一段时间（Kolakowski，1978，v. 1. ，p. 299）。

在劳动阶层中引起的恐慌，造成了马克思称谓的陷入悲惨

(immiseration)状况。他相信是资本主义使工人变得卑微，虽然他们的生存物质状况可能得到改善。他们日益变成一种可交换的商品，一种在复杂的劳动分工中微不足道的因素。异化是商品拜物教的结果，资本主义就以商品拜物教为其特征：一切都被贬低成货币项目，而人的尊严却丧失了。这种异化只有通过引入共产主义才能驱除。

在分析这种非人性的异化对于资本主义扩张是如何必要时，马克思集中关注生产方式的**辩证法**，关注作为资本主义成功之核心的矛盾双方的和解。（正是这些在马克思主义经济学中处于中心地位的矛盾，使得它在此被归为作为过程的结构这一类型：结构包含进行中的过程。）因此，马克思的分析方法通常被称为**历史唯物主义**，其基础是认识在结构内起作用的辩证法。

辩证法的概念是马克思从他对黑格尔现象学所做的研究中发展出来的。它通常表现为一个命题和逆命题的综合系列，随着每一次综合反过来变成一个命题，这个系列又被重复。这个命题是某种只有有限价值的东西，它产生其本身的对立面：逆命题。这两者之间的斗争最终导致一种调和，即一个包含了两者要素的综合，而这个综合反过来又产生了它自身的对立面（关于哲学中辩证法的介绍，请参见波普尔〈Popper，1972，p. 312 及后续几页〉）。在马克思看来，此类对立或矛盾就成为资本主义的特征（如上面的举例）。它们通过创造新的综合而和解，这为不断的资本积累提供了动力。（在马克思主义辩证法中，矛盾这个词与日常话语中的用
106 法是不同的。例如，海尔布伦〈Heilbroner，1980〉就注意到，辩证法的矛盾与逻辑学的矛盾〈如承认矛盾的一方就意味着否定另

一方〉就不是一回事。相反,它们意味着不相容;正如海尔布伦〈p. 35〉所言:“不稳定的共存和不相容力量的陆续和解”,事物开始于不相容力量的和解,但它们立刻又造成一对新的不相容力量。)

在马克思的著作中,被确认的主要辩证关系在于生产力和生产关系之间(Shaw,1978,p. 8),它在降低利润率中实现:

> 由于增加固定资本[死劳动]的数量,并由此造成了利润率的持续下滑,对利润率最大化的渴求就破坏了它自己的目标(Kolakowski,1978,v. 1. ,p. 322)。

这又反过来造成阶级间(无产阶级—资产阶级)的对抗。在黑格尔的辩证法中,每一次综合都向纯意识(在这个词的现象学意义上:参见 p. 62)迈进了一步。在马克思的辩证法中,每一次陆续综合的揭示都展现了无产阶级意识(与资本主义本身创造的错误意识相对)的真实状态,并导致爆发最终将推翻资本主义的革命。

生产力和生产关系的概念是历史唯物主义及其对资本主义发展分析的核心。**生产力**是指生产过程中的各种要素。它们由生产手段、劳动的客观条件及劳动力(其中包含了科学和其他知识)组成。**生产关系**由生产力在其内得以运作的条件组成。它们创造出工作环境并以所有权关系为基础;资本家拥有生产手段并购买无产阶级的劳动力来创造商品和剩余价值。这些关系(详情请参见:Shaw,1978)是基本的阶级关系:每一种社会都有一个掌握生产力所有权的特权阶级和一个无特权的被剥削无产阶级。

这两大要素之间的辩证法包括各种矛盾的解决，这些矛盾是资本主义在期望以降低利润率为基础创造剩余价值、用死劳动代替劳动（剩余价值的源泉）以及遇到市场限制时必然产生的情况。为了克服这些对财富积累的限制，资本家阶级借助生产关系来重新组织生产力的应用，通过创造新的获利形式来寻求摆脱危机的办法。这种在运动中对生产力的设置，包含了资产阶级对无产阶
107 级的剥削，它所制造对抗本身就是一个在剩余价值的实现中持续不断的问题。解决这种对抗，或者至少使它能够相容，涉及创造一种新的社会形式、一种社会结构（包括一种状态），其中具有充分的和谐使得生产关系能够驾驭生产力（这样一种结构使资本主义关系合法化）。

因此，马克思所发展的历史唯物主义包含一种辩证过程。其社会形式包含一系列对立或矛盾力量，它们经常阻碍其目标的实现。必须通过创造能够促进和容许目标进一步实现的新形势，来避开这些矛盾。这就在某种程度上消除了对生产力应用的限制，因而使剩余价值得以适当实现。但是，由于资本主义制度永远包含矛盾趋势，这种新的综合必然是短命的。它很快就会产生其自身的对立面，并造成更进一步的生产过剩和消费不足危机。因此资本主义是在不断地重新塑造它自己（注意：作为一种学术派别的历史唯物主义并不能预测解决任一个别矛盾的方式。因此各种变化过程不会服从实证主义分析，因为不能将它们表达为一个功能系统，p. 45：变化的力量不是外因决定的）。

马克思的全部工作都被组织起来，以说明资本主义社会中经济结构的关键作用，特别是生产力和生产关系（作为人类意识和存

在的决定因素）中牵涉的各种矛盾的关键作用。对某些人来说，这导致了一种否定人类自由意志并将文化和政治归于非独立范畴状态的解释：这种解释经常与路易斯·阿尔蒂塞（Althusser，1969，1970）的著作联系在一起。马克思主义的结构主义将一个社会的下层结构（经济决定因素）从上层建筑（宗教、文化、政策等等）中分离出来。它并不完全将后者归到整个依赖前者的地位：

> 马克思主义的结构主义者坚持认为：构成任一特定社会形式的不同结构都某种程度的自主，虽然必须将经济结构（生产方式）看做是最终的决定因素，但是构建和再生某一特定社会形式时，其他结构却可能成为**主导因子**（Bottomore，1978，p. 137）。

因此，特定地方和特定时间的国家性质可能影响到一个现存的经济危机如何解决，而那些控制国家的人们也许会推行与经济力量不相关的政策。但是，国家并不决定社会的性质，它只影响根植于下层经济结构的各种过程的实现。

因此，历史唯物主义不是一种粗糙形式的经济决定论。马克
思认为经济力量支配着资本主义社会，但不是说在解决特定冲突 108
时人类对这些力量的解释毫无自由。所以从《路易·波拿巴的雾月十八日》中被经常引用的一句话是：

> 人们自己创造自己的历史，但他们并不是随心所欲地创造，并不是在他们自己选定的条件下创造，而是在直接碰到

的、既定的、从过去继承下来的条件下创造。

历史的展现是各个人自觉行为的结果。在马克思看来,这种自觉性的性质是由经济条件决定的,而经济条件本身作为连续辩证综合的结果,又是由早期的经济条件决定的。因此,

> 那些看起来塑造了历史进程的伟大人物,实际上是因为社会需要他们才得以登场。亚历山大、克伦威尔和拿破仑都是历史过程的工具,他们也许会由于其偶然的个人特色而影响历史,但他们只是一种并非他们创造的伟大非人性力量的不自觉代理人。他们行为的有效性是由其行为发生于其中的形势所决定的(Kolakowski,1978,v.1.,p.340)。

所以,马克思的目的是揭示历史的普遍规律——他置于经济下层结构中的内在动力——而不是纠缠于特定事件。正如科拉科夫斯基(Kolakowski,1978,p.339)所说的,历史唯物主义

> 不是,也不宣称是解释任何特定历史事件的钥匙。它所做的一切就是定义社会生活中某些而绝不是全部特征之间的关系。

这些本质特征之一就是社会的阶级分化,以至于历史的整个过程,包括个别社会形式中上层建筑的发展,都反映了这种分化之间的对抗。这通常被解释为阶级斗争创造历史。对某些人来说,这种

历史普遍概念的合理性意味着“马克思的方法仍然是唯一能够使我们解释整个人类历史发展的工具”(Hobsbawm,1972,p.282)。

由于马克思主张的历史唯物主义并不专注于历史细节,它有别于前面所讨论的作为构成物的结构类型;在那种类型中,结构的性质可以通过分析其在特定经验环境中的转换来加以确认,

> 对于马克思,科学地理解资本主义制度就在于揭示其隐伏在可见功能背后的内部结构(Godelier,1972,pp.335—336)。

戈德利耶(Godelier)认为,这种隐伏结构不可能在其显现中把握,因为资本主义不是一个事物而是一种社会关系。作为结果,历史 109
唯物主义所寻求的结构是各种关系(因此定义为“作为过程的结构”)。经验社会科学研究所观察到的正是这些过程的产物,它们是不能从其自身上理解的。

由于历史唯物主义关注于隐伏结构,它的“解释”并不服从经验证实。其方法是发展推测理论(Saunders,1981,p.17)。这就指出了某些社会关系,它们如果正确的话,就能说明经验表象。这理论与观察一致。这被称为反演(retroductive)方法(Sayer,1979),它既不是演绎法(不存在与历史无关的规律,只有历史过程),也不是归纳法(表象世界规律性并不会为因果规律性提供基础)。这样,马克思的历史唯物主义包含关于社会中主导力量的合理理论的发展和完善,它在解释和行动向导两方面都是合理的。

> 马克思的方法可卓有成效地用于创造理论，这些理论在或多或少的程度上是合理的，但它们从来没有被最终证实过；于是，除了个人本身的政治价值和目标之外，没有必要，也不存在使人非相信不可的理由接受这些理论。换句话说，马克思主义就像是一种科学分析的方法一样，也是一种政治实践的向导(Saunders，1981，p. 18)。

这类理论的“检验”只有通过基于它们的行动的成功与失败来提供。

对马克思主义的发展

马克思(及其同事恩格斯)所发表的著作，在非常广泛的领域内比其他大多数学者的著作都更有影响力。其影响可以分成两种类型。第一种是将马克思主义作为政治实践的指导，包括无产阶级的革命潜力，也涉及为人类尊严不会在其中受到贬抑的社会提供标准。很多革命和本来会发生的革命，都把其行动计划建立在马克思主义基础上(例如，见 Kolalowski，1978，v. 2 中的评论)；虽然如同科拉科夫斯基(Kolalowski，1978，v. 3)所说，运用马克思主义思想的各种尝试大多数都滥用了这些思想，这部分是因为它们被民族主义意识形态所混杂。

> 在共产主义掌权的地方，统治阶级将它转变成一种实际上源于民族主义、种族主义或帝国主义的意识形态……民族

> 主义只是一种仇恨、妒忌和渴求权力的意识形态(Kolakowski,1978,v.3.,pp.529—530)。

正因为如此,他宣称作为实践的马克思主义与这里所讨论的马克思主义学派的其他主流已失去了联系:这里的马克思主义被看成 110
是社会科学的理论基础。一般来说,后者是相对晚近的发展,自第二次世界大战以来,马克思主义学术成果的数量已扩展得今非昔比,特别是在英语世界。

对许多马克思主义者来说,这里对马克思主义实践和马克思主义社会科学之间所做的区分是不真实的。采纳马克思主义方法,意味着学者们的工作不仅仅是简单地提供对人类社会进程的正确认识,也是为了实现从资本主义到社会主义的转变。但对其他一些人来说,前一类工作大可接受,而后一类则不可接受(原因有多种多样)。这些人可以称为具有马克思思想的作家,因为他们应用了马克思主义的基本分析方法,但有时显然不赞同马克思的政治方案,虽然常常未言明。

在马克思思维模式中的工作已经极大地扩展了最初的分析。如果历史唯物主义理论是正确的,这就不足为奇,因为与作为过程的结构相继的辩证法已创造了许多马克思所未预见到的新社会形式。对某些人来说,没有预见这些的事实就象征着马克思主义作为一种理论的失败。例如,波普尔(Popper,1972,p.37)就宣称,马克思主义的许多预言都已经被验证过而且被驳斥了,但

> 马克思的追随者们并不接受这些驳斥,他们重新解释了

> 理论和证据两方面，以使得它们相吻合。他们以这种方式来避免理论被驳倒；但他们为此付出的代价是采用了一种使人无法进行反驳的方式。

对波普尔来说，马克思主义不满足将它定义为一门科学的标准（参见：Popper，1945）。对其他人来说，马克思除了声明革命有可能被“资本主义迅速而不自觉地导向的大灾难”所引发以外，从来没有做出任何社会主义革命的预言（Kolakowski，1978，v. 1.，p. 306）。按照马克思的命题：

> 只有无产阶级能够插手解决生产力和生产关系之间的冲突……如果没有这种介入，生产力将继续推进以更适合生产关系（Shaw，1978，p. 113）。

这种对“更适合的生产关系”的推动力的分析，已经成为很多晚近马克思主义社会科学研究的焦点，它们关注于诸如国家的产生、所有权结构的改变、资本主义后期的演变以及“中产阶级”的增长等主题，所有这一切都是19世纪中期的马克思仅仅模糊地察觉到的。

因此，当某些马克思主义实践者寻求发动社会主义革命，某些马克思主义学者寻求通过他们的分析和教学来创造革命的条件
111 时，马克思著作在资本主义世界学术性社会科学上的主要影响却是通过马克思思想观点的介绍而产生的，在某些情况下还结合了他人的观点作了调整。（按照这里的定义，个别的社会科学家们，

作为社会科学家，更像具有马克思思想的而不是马克思主义者，他们并不参与评论其政治哲学。简单地说，他们的社会科学工作集中在历史唯物主义分析上，而与任何政治哲学很少甚或没有相关。）这里对其中的三种观点加以简述，原因它们被用于人文地理学的文献中并与人文地理学有关。

实在论

为了区别于朴素的或直接的实在论，称为先验的实在论更为恰当(p. 26)，这是一种与巴斯卡尔(Bhaskar，1975，1979)、基特(Keat，1975)和厄里(Urry，1975)的工作有关的哲学立场，它建立在一个清晰的结构主义模具中：

> 科学的实在论哲学的基本原理非常简单，就是那些使我们接近事物的感知，和使我们接近独立于我们而存在的结构的经验行为(Bhaskar，1975，p. 9)。

有一个信念潜伏在这个基本原理之下：机制独立于其所驱动的事件。各事件的固定关联也许能为经验规律提供基础，但不能为过程或机制规律（即为经验规律的运作创造条件的规律）提供基础。此类过程规律就是：

> 世界上那些实在的事物和结构、机制和过程、事件和可能性；由于他们大部分独立于我们而存在……它们成为科学调查和科学发现的对象，而且不及物且具有科学独立性

(Bhaskar,1975,p.22)。

所以,按照这种观点,在许多科学活动中确认的关系反映了所做实验的性质,它们属于表象层面而不是产生这些现象的机制层面。(例如,重力独立存在于表现它与落体加速度之关系的实验。对于理解产生重力的因果规律,这些实验的结果既不必要也不充分;它们只是描述了它。)因此先验实在论包括研究“独立于人类并受规律控制的世界”(p.26)。

> 科学是一种系统性的尝试,它力图用思想表达哪些独立于思想而存在的事物行动的结构和方式。世界是有结构的,也是复杂的,它不是为人类创造的。我们的存在,我们对与我们有关的那点世界的理解,完全是一种偶然(p.250)。

巴斯卡尔(Bhaskar,1975)在《科学中的实在论》一书中指出,科学
112 的目的是分离出独立于人类存在及其产物(包括科学实验)而运作的普遍自然规律。在这个意义上,它们是结构的各种规律而不是上层建筑中的各种关系(参见:Keat and Urry,1975,pp.30—31,他们认为“为什么”问题的答案要在“如何”和“什么”这类问题中去寻找:“对‘为什么’的解释在某种程度上就是说明‘如何’”。p.31)。在《自然主义的可能性》中,巴斯卡尔(Bhaskar,1979)将这些思想应用于他称谓的“当代人文科学”。在这个特定关联域中,实在论哲学包括:

> 从社会生活的明显现象(正如在有关社会角色的经验中概念化出来的那样)到使它们成为必然的本质关系的运动(p. 32)。

因此焦点并不在于人及其所做的一切(以及他们宣称他们为什么做),而是在于人作为其组成部分并为人的行为提供必要条件的社会结构:把结构与行动分离开来。(按照巴斯卡尔的说法,前者是心理科学;后者是社会科学。)

在发展实在论社会科学方法的过程中,巴斯卡尔显然受马克思主义分析方法内容的影响("如果说没有详细社会科学和历史学工作的马克思主义是空洞的,那么没有马克思主义〈及其某些理论〉的此类工作就是盲目的。"——p. 56),也受其反演方法论(参见 p. 109)的影响。他既反对理念论将上层建筑与下层结构分离开来,或将结果与原因分离开来;也反对简化论将上层建筑表达为下层结构中过程的机械结果。如果下层结构是经济基础(如同马克思所认识到的,整个充满对抗),而上层建筑包括其各个个体及其多种多样的组织,那么就不仅是社会通过社会化过程指导各个体的行动,而且个体的行动也是社会再生产过程和转化过程的一部分。在这种情况下,人类角色就包容进辩证法中,以至于在下层结构内(生产力和生产关系之间)以及下层结构与上层建筑间(过程及其实现之间)都存在辩证关系。所以,社会科学中先验实在论哲学在一个不断转化的结构中探寻现象之原因,但他们比许多马克思主义的表述更进一步,他们认为这些原因产生的结果反过来会影响下层结构内的转化过程。个体不能离开社会而存在(同样,

上层建筑依赖与下层结构），但除此以外，没有个体行动的社会也既不可能存在也不可能再生。

113 因此，先验实在论的基本论点是，经验世界是机制运作的结果，而这些机制是不可能在特定的偶然环境中直接观察到的。这已经由舒纳德（Chouinard）、芬彻（Fincher）和韦伯（1984）总结如下。

1. 因果机制是独立于任何有关它们的知识之外而存在的实在结构。

2. 虽然存在这些机制，但只有它们的结果才可被观察到。

3. 因果机制只能在封闭的或受控制的系统中产生经验规则（可以表达为科学规律）。既然社会科学处理的是开放系统，就不可能期望有经验规则；因此它只能研究因果机制中固有的趋势。

4. 即使在趋势研究中，社会科学工作者也不能保证任何既定结果。他们不可能预测，因此有关机制的知识只能从理论上而不能从经验上获得。

5. 机制本身并非固定，但机制是社会作为组织人类生活再生产的手段所创造出来的社会产物。它们是可能被改变的，因而进一步拒斥预测经验后果的可能性。

可见，在实在论社会科学和实在论（有时称为后实证主义）自然科学之间存在某种重要的差别。对于后者，机制是固定的，不受人类行动的影响；因此经验性实验的结果是可以重现的。然而，这并没有说明机制，仅仅说明经验世界与关于其存在的理论相一致。所以各事件的相同关联（一种经验性实验）可以产生多次，并有相同的结果。

然而，实在论社会科学却不是实验性的。它不可能假定固定的关联，原因有二。第一，机制的普遍趋势通过偶然条件而被过滤，而偶然条件是在不断变化的(Sayer，1984)，这仅仅是因为人类社会具有记忆能力(个人的和集体的：Smith，1984)，以至于对以前决定之后果的解释，(并不一定自觉地)影响到对现在机制的解释(关于如何行动的决定)。决策的特定关联域总在变化。第二，作为从上层建筑到下层结构之反馈的一部分，趋势本身可能受经验后果的影响。所以，实在论社会科学，包括马克思主义，必然是反实证主义的。它也拒斥系统分析，系统分析被某些人表述为整合自然科学和社会科学的一种手段(例如：Bennett and Chorley，1978)，因为它假定了一些固定的关系集合和固定的发展轨迹(Gregory，1980)。(当然，包括系统分析在内的实证社会科学的运用，其实是在努力强加这种固定性。我们生活在一个“伪实证主义”世界〈Johnston，1986b〉。正如哈维〈Harvey，1973，1984〉清楚指出的那样，这对社会科学的运用造成了紧张状况。)

巴斯卡尔的实在论哲学与剑桥社会学家安东尼·吉登斯(Anthony Giddens)所发展的**结构化**理论有许多相同之处。吉登 114
斯指出，这个理论的产生是由于：

> 社会科学中缺乏行动的理论……在热切期望发掘那些他们试图理解其动因的社会行动者“背后的内容”时……[马克思主义及其相关思潮]在很大程度上恰恰忽视了行动哲学看作人类动因之核心的那些现象(Giddens，1979，p. 2)。

然而，人类行动发生在特定的结构关联域中，马克思主义工作与对这些关联域的认识之间的相关性是清楚的："马克思的著作仍然代表了能够被用于寻求解释角色和结构问题的最重要的一个思想体系"（Giddens，1979，p. 53；Giddens，1981）。但他认为，与许多结构主义（包括马克思主义或"作为过程的结构主义"和"作为构成物的结构主义"）的问题一样，在于它几乎没有注意人类角色的作用。

> 在任何时候任何地方，社会生产都是其成员的一种熟练的成就……[但是有必要]使这个重点与其他同等重要的主题相符合……如果说人创造了社会，那么他们不会是仅仅在他们选定的条件下创造社会（Giddens，1976，p. 126）。

吉登斯工作的目的是将结构主义的方法融入社会，这些方法的集中关注对行为的约束和对人本主义方法的约束，其焦点是人类角色的有意识行动。这种融合是通过他的结构化概念来实现的：

> 结构的二元性与社会生活的基本递归特性有关，并表现出结构与角色的相互依靠……社会系统的结构特性既是构成这些系统的实践的媒介，也使它们的产物（Giddens，1979，p. 69）。

因此，吉登斯不把结构看做对行动的约束，而把它表述为同时既是约束又是动力，与此同时，它不断被各个体再生和转换。（按照吉登斯的说法，任何否定个别行动者作用的思潮都是目的论的，并“隐含着对行业行动者[们]的贬低……把他们看成是文化涂料或仅仅是‘一种生产方式的承受者’，不值得去理解他们行动的环境或条件”〈Giddens，1979，p. 71〉。）

吉登斯的结构化理论建立在一系列被清楚表述的“社会学方法规则”的基础上，这些规则可以看做公理。它们是（Giddens，1976，pp. 160—162）：

1.“社会学并非关注客体的某个‘预定’世界，而是关注主体的主动行动所组成和造成的世界”。

2.“因此必须将社会的生产和再生产视为其部分成员的熟练 115
表演，而不仅仅是一系列机械过程”。

3.“人类角色的领域是受约束的。人们创造社会，但他们是作为历史设定的行为者，而不是在他们自己选择的条件下创造社会”。

4.“不能把结构仅仅概念化为是对人类角色设置的约束，它也是一种激励”。

5.“结构化的过程包括意图、准则和权力的相互作用”。

6.“社会学观察者不能够将社会生活当作独立观察的‘现象’以获取他的知识，而要将它当作一种‘调查主题’的源泉”。

7.“融入到一种生活形式中去，这是一个观察者借以作出此类特征化说明的唯一的和必要的方法”。

8.“这样，社会学概念就遵循我所说的双重解释”（第一是科学活动本身的性质；第二涉及运用科学去解释各被研究者所持的关于宇宙的不同概念）。

9.“总而言之，社会学分析的主要任务如下：(1)在社会科学的描述性变形语言内解释、说明和调解各种生活形式;(2)将社会的生产和再生产解释为人类角色所完成的结果”。

为了将“作为过程的结构”与人本主义思潮作这样一种融合,他辨别了三种关于社会的概念:第一,**系统**或一套有规律的社会实践;第二,**结构**,即指导系统的(变化的)规律和资源;第三,**结构化**,即系统成员借以控制结构的连续性和/或转变过程,因而影响系统本身再生的条件。因此,吉登斯所主张的,就是发展一种充分重视人类角色在结构转换中作用的分析模式。(格雷戈里〈Gregory,1978a,p. 89〉宣称结构化的概念直接来源于马克思,1976,p. 283;然而,那里的陈述指的是人与自然之间,而不是人与结构之间的辩证法。)结构化至少部分接受了马克思主义关于下层结构作用的论点,但是对人类角色在实现结构过程(例如经验研究者所观察到的世界)中,在对过程本身的修正中的重要作用存在争议。在他近期的著作中,吉登斯(1984)进一步认为结构化应该在**地方**上采用,他

116 运用哈格斯特朗(Hagerstrand)的时间地理学(参见 p. 93),论证了由于交互作用被局限于地方环境,人类角色是如何被特定关联的。

批判理论

这个“思想学派”在很多方面也与马克思主义有关,并具有相同的基本目标。它不是只涉及个别学者的单独工作个体,而是由通常被称为“法兰克福学派”的学者群体作出的相关著作组成的一大集体。它包括两个集团,第一集团以第二次世界大战前法兰克福社会研究所五位学者的工作为中心,第二集团以 50 年代以来杰根 · 哈伯马斯(Jurgen Habermas)的工作为主。

各种批判理论有着共同的目标，而且与马克思的目标相似：创造一个无须支配力量的社会。因此，个人必须通过一种过程而获得解放，这个过程：

> 包括每个人主动参与控制社会现象；换言之，人民必须成为主体而不是客体（Kolakowski，1978，v. 3，p. 392）。

哈伯马斯认为，从支配力量中获取的这种解放必须通过：

> 自我反映，[借此]各个人才能意识到迄今还未觉察到的对他们施加的影响的力量。因此，求知的活动与各种利益的目标是一致的（Held，1980，p. 318）。

然后，随着个人意识的增加就获得了解放的利益。成功的自我反映导致对个人在社会中地位的性质有更自觉的理解，因而导致通过改变社会来实现解放的能力的增强。

按照哈伯马斯的说法，只有自我反映才能够创造获得真正实质性自由的条件（必要条件但不是充分条件）。批判科学的作用是为这个过程铺路。据称，自我意识受到了社会内各个人和各团体形形色色利益的阻碍，这会在意识形态上表现出来。例如，实证科学推进了建立在控制意愿基础上的某些技术利益，而解释科学则寻求推进相互主观的理解。按照后者的说法，一个社会系统内的许多交流都被扭曲了，部分是由于“交流本身的语义结构”（Sensat，1979，p. 27）。批判理论寻求通过创造哈伯马斯所称谓的理想语言环境来消除这些扭曲。这里存在：

> 平等的讨论机会，摆脱了支配力量的自由，不管是来源于自觉的战略行为还是来自被系统地扭曲的交流(Held,1980, pp. 343—344)。

批判理论的学者调查了范围广泛的现象来说明在交流中的种
117 种扭曲，这些扭曲把知识操纵为特定的利益(例如，美学研究表明了资产阶级文化的影响)。其目的是扩展马克思主义，并如哈伯马斯(Habermas,1976)在《法制危机》中所说，表明自从马克思著书以来，社会转化已经创造出与维持资本主义结构相关的一些新条件。这包括对国家作用的研究(被马克思严重忽视了的一个主题)：

> 为了使制度得以运转，必须对法律、规则等有普遍的服从。虽然这种服从可以通过高压手段控制在一定的范围之内，但社会要求按照资产阶级民主原则来操作，它更多地依赖于认为制度要坚持平等、公正和自由原则这种信仰的广泛存在。因此资本主义国家必须行动起来去支持生产过程，与此同时，如果它想要保持其公平和公正的形象，就要隐蔽它正在做的事情。如果人们的忠诚遭受威迫，就会出现一种走向法制危机的趋势(Held,1980,p. 291)。

哈伯马斯认为，隐蔽行动就是被系统地扭曲的交流过程的一部分。解放将使人民能够克服这种状况，并通过自我反映和纠正扭曲的

推理能力来提供启迪。因此，

> 法兰克福学派和哈伯马斯力图扩展和改编马克思著作中的见解，以揭示阻碍人们达到自我觉悟并能进行不同行动的复杂原因（Held，1980，p. 363）。

这样，批判理论在其分析方面和对实践目标的承诺方面都是马克思主义的。它力图揭示社会内部的过程是什么（所以它是实在论的），并将结果向各个人交流，以使他们更好地认识到他们在社会中是如何被操纵的，从而希望改变这种状况。

世界体制分析

是由一个学者——伊曼纽尔·沃勒斯坦（Immanuel Wallerstein）设计和推进的一个计划，但他的追随者们对研究议程的细节颇有争论。他的目标是重写资本主义自 15 世纪晚期诞生以来的历史，计划的前两卷已经完成，叙述到 1750 年（Wallerstein，1974，1980）。这是对 19 世纪马克思主义的一个发展。

沃勒斯坦的基础是辨别基本经济组织单元——他称为世界体制（world-systems）。有三种体制。在**微系统**（mini-system）中，只有有限的劳动力分工，互惠地组织交换，年龄和性别是社会内主要的区别特征。在**世界帝国**（world-empires）中，交换在一个层次上
是互惠的（在工匠和食物/原材料生产者之间），在另一个层次上则 118
是再分配，剩余物被军事—官僚统治阶级所享用。最后，在**世界经济**（world-economies）中，生产和交换是通过市场来组织的。

沃勒斯坦的历史学计划关注于认识一种特定的世界经济——资本主义世界经济——如何在空间上和时间上发展起来，如何从西北欧基地先发展成为国际系统进而成为全球系统。（这就提出了一些关于假定为非资本主义的国家之地位的重要问题：Chase-Dunn，1982。）它的发展不是一种简单的线性上升，而是已经出现了六个连贯的明确特征（Taylor，1986a）：全球商品市场；国家竞争体系，没有一个政治单位能够控制该市场；中心—外围式的空间组织；在社会集团和空间组织两方面互动的经济类别分化；循环的经济过程，受经济长波的支配；系统长期扩展直到成为真正的全球系统。与其他"作为过程的结构"的作者一样，沃勒斯坦的目标是超越包括历史学在内的社会科学的学科划分，由此推进对资本主义的整体理解，并推进生产方式从资本主义向社会主义转变（关于其思想的简单陈述，可参见：Wallerstein，1983）。

人文地理学中的结构主义

正如实证主义和人本主义思潮一样，结构主义思想引入人文地理学中，也是通过其他社会科学，其中大多数学科或者是结构主义发展的源泉，或者是先于地理学受其影响。也正如其他两种思潮一样，也可能发现某些结构主义思想早在70年代的主要冲击之前就引入人文地理学的例子（参见：Johnston，1983a，Chapter 6）。实际上，两个早期的无政府主义者——彼得·克鲁泡特金[①]（Bre-

① Кропоткин，Пётр Алексеевич（1842—1921），俄国无政府主义者，地理学家，著有《亚洲山岳志》、《1789—1793法国大革命》等。因受沙皇追捕逃亡国外。——译者

itbart,1981)和埃利塞·雷克吕[1](Dunbar,1981)都是实践型的地理学家。

关于这里描述为“作为构成物的结构主义”工作学派,很少有人试图将他们中的大部分与人文地理学的研究兴趣联系起来。格雷戈里(Gregory,1978a)曾经提出莱维·斯特劳斯工作的一个简单纲要,并把它与人文地理学相联系,但没有进一步往下做。或许令人惊奇的是,社会人类学中的结构主义工作对文化地理学没有产生任何影响,例如,米克塞尔(Mikesell,1978)的综述文章或琼斯(Jones,1978)关于非工业化社会经济地理学的纲领性文章,都没有参考任何社会人类学的文献,就说明了这一点。(“实在论”人类学——如利兹〈Leeds,1984〉的工作——同样没有什么影响。参 119
见邓肯〈Duncan,1980〉关于某些地理学家将文化被视为人类角色之一个决定因素的解释。)

唯一对地理学研究产生较大影响的“作为构成物的结构”工作,是皮亚热关于知识获取是一种结构转换过程的论述。这种发展心理学的工作涉及研究儿童如何学习空间和几何。他发现发展的每个阶段本质上不同于在它之前的那个阶段,在每一个阶段都有新材料被整合到已经拥有的材料中,所有的材料都被固定协调起来——这是就结构的自我调节特性,于是所有的素材都符合先验图式(这不是随机信息)。皮亚热的实验显示,儿童的空间概念发展中存在四个主要阶段(Hart and Moore,1973 就此提供了一

① Elisée Reclus(1830—1905),曾译为埃利兹·邵可吕,卡尔·李特尔的学生,法国地理学家,著有六卷本的《人类与地球》。1851 年因参加革命活动被驱逐出法国,1871 年又因参加巴黎公社革命而被监禁和流放。——译者

个综述;参见:Golledge et al.,1985)。这些实验并未扩展到地理学的传统主题上。古尔德(Gould,1973,p.185)注意到:

> 虽然儿童心理学家皮亚热的许多先驱性工作直接关注于儿童用以学习空间、学习他们周围的世界、学习几何学和拓扑学概念的方式……但他没有涉及本质上属于地理学的影像,而这正是儿童所获得的或用以学习那些东西的方式。

古尔德自己的工作非常关注"偏向面(preference surface)"(参见:Golledge,1981)——响应者对特定地方的态度(Gould and White,1974);而另一些人更关注儿童对地理知识的获取(Blaut,McCleary and Blaut,1970;Blaut and Stea,1971)。戈列奇(Golledge,1981)指出此类工作包括"引入皮亚热结构主义理论中关于认知映射的许多概念"(p.1329),但大部分此类工作(例如Downs and Stea,1973的综述)几乎不注意结构主义论点,而集中关注人们指导什么和如何获得这些知识;这有着非常强的实证主义色彩。(Couclelis and Golledge,1983提出的分析行为地理学——他们称之为构成主义—执行主义〈constructivist-transactionalist〉——似乎接近皮亚热的论点。)

在人类意识中也许存在着与地理学家特别相关却实际上仍然没有被探索的其他深层结构。一个明显的例子就是人们组织空间信息并用图画(制图学)加以表现的方式。刘易斯(Lewis,1981)曾经指出,美洲印第安人组织空间信息的方式非常类似于现代地理学家建议的方式,这促使布卢埃(Blouet,1981,p.vi)去探寻:

> 人类在什么程度上具有以共同方式组织关于地球表面知识的遗传程序？许多跨文化的地理概念是意味着所有人类都 120
> 具有创造它们以作为人类部分继承性精神特质的能力，还是像迁徙的大雁那样生来具有一种空间感而使得它们依靠本能而不是工具穿越广大的距离？

皮亚热思维模式中的许多工作显然还大有潜力，但如上所述，真正结构主义的工作还做的太少。（皮克尔斯〈Pickles，1985〉通过本质现象学辨别空间性〈参见 p. 81〉的工作，为未来的研究指出了类似的议事项目。）

本章的剩余部分将集中关注“作为过程的结构”，特别是近年来引入人文地理学的马克思主义的不同形式和引申产物。正如皮特（Peet，1977）所指出的，采用马克思主义观点是由于目前西方社会结构所受的挫折不断增多，而且以实证主义传统的研究方式无力实现社会内部的重大变革（参见：Johnston，1983a，Chapter 6）。戴维·哈维（David Harvey）的工作作为马克思主义在地理学中发展的主要始作俑者之一，就是这种转变的典型例证；在《社会公正与城市》（Harvey，1973）的导言中，他勾画了自己关于问题及其解决方案的概念，如何从开始的“自由改革”立场（这是实证主义的；Harvey，1969）转变到以马克思主义为基础的立场，因为后者有总体的把握，强调经济和社会问题（生产、消费和分配）的相互依赖。

70 年代早期马克思主义思想在人文地理学研究主流中的引入，导致了关于其相干性的显著争论，也引出了种种不同的反应。一些作者采用了马克思主义思想的某些方面——特别是那些与资本主义社会经济运作有关的方面(如同:Smith,1977,1979)——但并不包括全部马克思主义方法。这受到了一些人的批评,例如阿什海姆(Asheim,1979)认为这种自由的(马克思思想的而不是马克思主义的?)形式是失败的,因为:首先,它们继续将生产与分配/消费分离开来,因此也将经济地理学与社会地理学分离开来,而马克思主义的著作清楚地表明两者之间是密不可分;其次,它们对作为决策者的个人赋予了太多的自主权,而不是重点关注生产方式内部结构关系的约束;第三,它们对空间作为行为决定因子之一的作用赋予了太多的自主权(有时称为"空间崇拜"),它们显然相信存在着永恒的"空间规律",而没有认识到空间和空间关系是生产方式结构的一部分(是社会构造了空间而不是相反)。(默瑟〈Mercer,1978〉称这类学者为"片面的马克思主义者"。)

因此,完整的马克思主义地理学应该接受生产组织在所有社
121 会过程的产生和构造中的基础重要性:

> 它是一个完整科学的一部分,专注于双方(社会过程为一方,自然环境和空间关系为另一方)之间的辩证关系(Peet and Lyons,1981,p. 202)。

但它不仅仅是一种将经济放在首要地位的分析方法和整体观:

> 其目的在于通过改变生产的社会关系来改变社会过程的基本运作。社会的革命性变化对于解决地方的空间问题和环境问题是必要的,因为这些问题都起源于资本主义社会形式

的深处(p. 202)。

在马克思主义者看来,不能将理论与实践分离开来;认识引导变革的程序。但马克思主义地理学家应该如何工作以实现从资本主义到社会主义的革命,对此很多人并不清楚。批判理论认为,对此的认同显然应该是渐进的过程(见下文),马克思主义分析所指出的对现实作正确评价,将增强自我反映的力量并导致从控制中解放出来。因此:

> 马克思主义和马克思主义地理学为反抗提供了一个强有力的理论基础和政治基础。它们是代表世界上大多数普通人民构建的理论,有助于我们反对国际统治阶级,反对社会生活中的危害和剥削形式(Peet and Lyons,1981,p. 205)。

在哈维(Harvey,1973)看来,社会内部的劳力分工要求学术界提供知识以促进实践中的革命:

> 我们是学者……正因为如此,我们的任务是调动我们思想的力量来形成概念和范畴、理论和观点,我们可以将它们应用到实现一种人性化社会变革的任务中……这里可以也必须利用……经验证据。但是除非我们把它综合成强有力的思维模式,否则所有这些经验和信息都没有什么意义(p. 145)。

他的马克思主义地理学是:

> 关注地理学思想和实践的整个重建，在历史唯物主义的大伞之下，最终将地理学研究……和其他主题融合为一体(Harvey，1981，p. 209；参见：Eliot Hurst，1980)。

并且他认为：

> 地理学者必须实践政治学，而政治家必须参与实践地理学。马克思主义者充分肯定这种联系并力图强化而不是隐藏它(p. 210)。

哈维(Harvey，1984)把他关于马克思主义地理学实际应用的
122 观点浓缩在一篇名为“历史唯物主义宣言”的论文中，该论文旨用一种人民的地理学来阐明社会的物质基础，人民的地理学

> 必须具备大众的基础，必须深入到日常生活中，把其主根深深地扎进大众觉悟的源泉里……但它也必须开放交流渠道，打破地方主义的世界观，正视甚至颠覆统治阶级或国家的权力(p. 7)。

这应该称为“人民的应用地理学”，不与狭隘的和有权势的特殊利益集团相联系(如：Harvey，1974 指出的那样)，而是民主的和能够促进资本主义向社会主义转变的。

对一些人来说，马克思主义总体观的本质，正如历史唯物主义和马克思主义工作的实际目标所表达的那样，意味着将社会科学细分为一些单独学科是反革命的。例如，埃利奥特·赫斯特(Eliot Hurst，1980)就反对任何对人文地理学的再定义。相反，他赞同撤销所有社会科学的界限，代之以一个单一学科——历史唯物主义：

> 这种关于人类社会的科学与数学科学和自然科学相并列，才是站得住脚的科学实践(p. 13)。

事实上，他发现哈维提倡的那种“人民的地理学”是自我矛盾的，因为其声称的跨学科却不过是扎根在一个特定的学科之中(Eliot Hurst，1985)。

另外一些持不同意见者认为，尽管总体的观点必须维护，但分支社会学科也是有价值的，因为它们提供了独特的关注视点。例如邓福德(Dunford，1980)认为，由于在一个历史唯物主义的框架内各有其“独特的研究对象”，仍然可以将各学科辨别开来。对人文地理学来说，所要分析的特殊对象是：

> 人类利用自然的空间形式和人类社会组织的空间形式(p. 84)。

追究产生了如下定义：

> 地理学是对历史上形成，并由生产方式限定的空间形式和结构的研究(p. 85)。

(该定义因自 Scheibling,1977。)此外,这一独特的焦点也有其实践价值。按照阿什海姆(Asheim,1979,p.17)的说法:

> 空间概念作为研究对象的属性,使得人文地理学更加与政治(和实践)有关,因为区域社会结构中的行动者成为一些更加精确界定的群体。

认为社会科学中有一个有效的地理学焦点,这部分地与结构
123 化概念有关。结构化概念已经在一些地方被正式地引入了地理学文献(例如,“人有权利用他的物质世界以求生存……他在一个持续而互惠的过程中改变他周围世界的同时,也改变了他自身”〈Gregory,1978a,p.89〉),但也被更多的作者不言明地采用。(例如,可参见关于“地理学问题”〈Massey and Allen,1984〉论点和关于“地方问题”〈Johnston,1986d〉的论点。)在马克思主义文献中,“作为构成物的结构”方法的支持者(如阿尔蒂塞)与“作为过程的结构”方法的支持者之间,有着引人瞩目的争论。前者认为生产方式的经济下层结构既处于支配地位又是决定因子,而上层建筑的各要素则处于被支配地位又是被决定因子;后者认为辩证关系不仅存在于下层结构之中,而且存在于下层结构与上层建筑之间。根据格雷戈里(Gregory,1978a,p.120)的看法,后者的解释表明:

> 所以空间结构不仅仅是阶级冲突在其内表现自己的地方……而且也是阶级关系在其内(也通过它)形成的地方,空间结构概念在说明决定社会形成概念时必须占有一席之地。

（参见：Gregory，1981，p. 11）

（对于格雷戈里和其他一些人来说，结构主义隐含着上面所说的“作为构成物的结构”程式，所以马克思的大多数解释并不是结构主义的。一个结合了“作为过程的结构”的更广泛的定义在这里正被清晰地发展起来。）

各层次之间（上层建筑和下层结构之间）的辩证关系概念产生了索娅和哈德基米查里斯（Soja and Hadjimichalis，1979）称谓空间或然性。追随勒菲弗（Lefebvre）（见：Kurzweil，1980），他们认为：

> 阶级斗争本身被看作是被嵌入社会组织空间的结构和矛盾之中。因此如果同时没有一个空间革命，任何社会革命都不可能成功（p. 5）。

因此他们认为有必要在马克思主义的工作中引入空间分析，（因为）除了少数例外，它们显示了“一个深刻的反空间主义传统”（p. 6）。这也导致索娅（Soja，1980，p. 208）定义了一个社会—空间辩证法：

> 组织空间的结构既不是一个有着自己建设和转换规律的自主独立结构（这是实证主义的空间拜物主义），也不会简单地表现为从社会（即非空间）生产关系中产生的阶级结构；而是代表了一种辩证地限定的，同时为社会关系和空间关系的

> 生产总关系的成分。

（后来把这表达为空间性概念：Soja，1985。）这种观点出现在多种
124 多样的多种著作中（例如皮特〈Peet，1975〉关于贫困问题的论述），并成为马克思主义理论中地理学透视的一个显著例子。资本主义持续不断的转换，不仅反映了生产方式中固有的辩证法，而且反映了它与特定空间实现之间的辩证法（关于这一论题的研究概况可见下述第126页。注意，皮特指出，艾尔斯〈Eyles，1981〉怀疑某些马克思主义地理学者所研究的“空间辩证法”是否在马克思主义意义上也自相矛盾）。

经常认为人文地理学有双重方法：水平方向上强调空间关系，垂直方向上强调人与环境之间的相互关系。后者也已经用马克思主义观点来解释。塞耶（Sayer，1979a）对自然的概念（结合人的概念：“人和自然界不可分离：我们是自然界的一部分”，p.22）提出一个历史唯物主义的观点，即提供了劳动对象（工作赖以进行的事物）。根据这一观点，自然的转化是生产方式辩证法的一部分：

> 我们在建造一座建筑物时，既转换了部分自然界（沙、木头和石头）并物化了人类的知识，又再造或改变了某种社会关系（p.31）。

因此，

> 在任一给定的历史时期，与自然界的相互作用都被固定

> 在一个社会关系的确定结构中，对劳动的永恒需求（在抽象概念上）被误导为似乎是对这些社会关系的永恒需求（p. 32）。

哈维（Harvey，1974a）在另一种特定关联域也论述了这一点，他指出资源概念及人口过剩的概念如何表达为资本主义内含的自然概念。（参见：Quaini，1982，论不同生产方式下社会与自然的相互关系；O'Riordan，1977，论环境的各种概念；以及 Smith，1984，论自然的概念。）

所有这一类工作的一般性主题显然是实在论的（见第 111 页），因为它认为对人文地理学现象的解释在于现象背后隐藏的机制而不是现象本身。尽管很少有地理学的作品（如：Sayer，1981，1984，1985；Chouinard，Fincher，Webber，1984）表现出明显的实在论哲学本质，但它原则上为很多解释提供了隐含的基础。例如，考克斯和麦卡锡（Cox and McCarthy，1982）充实了他们对俄亥俄州哥伦布地区邻里活动的社会关联和空间关联的经验分析，认为此类行为是一种错误意识的因素。他们认为，这是从“作为一个整体的社会的社会关系结构中，而不是仅仅从居住地的独特势力中”产 125
生的一种行为方式（p. 214），但由于大多数分析只涉及社会冲突的可见结果（细节）而不是决定因子（生产关系），这一行为的真实本质并没有被揭示出来（参见：Sayer，1979b）。

对这些隐藏机制加以澄清，不仅是实在论科学哲学的目标（Bhaskar，1975，就包括了诸如“人类必定是在世界上能够自觉行动的动因”之类的陈述〈p. 20〉，但并不包含对实践的固定指导），也是批判理论的目标。这在大多数地理学文献中却没有涉及。刘

易斯和梅尔韦尔(Lewis and Melville,1975,p. 98)对它进行了介绍:

> 考虑到知识对相关人们的作用,就得承认理论和实践之间关系的中心地位……一个批判理论要考虑以下事实:关于社会的假说是由阶级斗争的发展来“检验”的。

在格雷戈里(Gregory,1978a)论“地理学中约定性解释”的一章中,这一点得到了充分的展开。对他来说,地理学研究的主题必须使得对调查的结果有更多的认识,而且事实也由于解释学的遭遇而成为这些调查的部分(像由邦奇组织的在底特律、多伦多和其他地方进行的地理学探索那样:Bunge and Bordessa,1975)。但这可能会由于将注意力集中在特殊性而不是普遍性上而危害自我反映过程。地理学家必须提出:

> (a)对学科维持其世界图像(image of the world)所需要的概念批判;和(b)对社会形式维持其生产关系所需要的过程评论(p. 165)。

为了鼓励对作为一个整体的社会的自我反映,并为此提供材料,地理学家必须反映出他们本学科的本质。像哈维(Harvey,1973,1984)所说的那样,学者的任务是开发他们的分析能力,并帮助他人发展他们自己的(分析能力)。

结构主义地理学

像人本主义方法一样,结构主义模式的地理学著作有相当一部分都是批判性的,着重指出其他方法(包括前两章所讨论的方法)的缺陷。批判的焦点(例如在马西对工业区位理论〈Massey,1979〉的批判中)是主要关注社会过程之结果(工业特定区域)的那些工作,以及认为个人决策(行为主义)的影响不能鉴别支撑地理
学产生和再生之真实过程的那些工作。再现方法将其焦点放在下 126
层结构上,这提供了一种替代,但也很难得那些习惯于经验工作的人的赏识,因为相对于实证主义意义上的经验证据,其理论是不可检验的(见 p. 109)。这并不是说经验工作既不可能也没有价值。马西和米根(Massey and Meegan,1979)对工业重组的分析阐明了历史形势如何影响了个人的决策行为,但他们认为,他们的发现不能脱离特定关联域而加以普遍化。邓肯(S. Duncan,1981)也论述了在经验研究和理论阐释之间建立联系的问题;虽然这些理论为人文地理学所有方面的研究都提供了可观的见识,但是如下所述,在某些论题领域的影响大于其他论题领域。

经济地理学:不平衡的发展

结构主义者工作的一个主要的实质性影响是在发展和欠发展的地理学,其论题从与单一线性增长序列(来源于罗斯托〈Rostow〉的工作,见:Keeble,1967;Taylor,1986c)和"现代化"在一个国家作决定论的空间扩散(见:Abler,Adam and Gould,1971)有

关的思想占主导,转变成完全被马克思主义政治经济学渗透并加以扩展。此类工作的促进因素来自形形色色学者的著作(批判性评论见:Brewer,1980;地理学家的评论可见:Brookfield,1975;也可参见:N. Smith,1979,1984)。

尽管关注发展研究的各个权威对某些成因要素的相对重要性有不同意见,但一致认为国家间发展水平的空间差异是构成资本主义所必要的一个方面:

> 对于资本主义来说,地区和国家之间发展的不平衡就像资本对劳工的直接剥削一样重要(Soja,1980,p. 219)。

这是此类工作的一个基本公理(见:Browett,1984)。此类工作已通过一些分析建立起来,这些分析显示了帝国主义(加上新帝国主义和新殖民主义)与世界某些地区(通常被称为大都市核心)财富积累的关系。对这些地区利率下降的反应之一,就是在其他相对较弱的地区寻找更便宜的劳动力和扩展市场。(Harvey,1982,在通过将发展地理学与马克思主义有关资本主义危机理论相结合来认识经济活动的变化模式方面,作出了重大的理论贡献。)这样,边缘地区贫困的依赖性无产阶级就成为发达中心地区资产阶级的附属物。在世界尺度上,这就基本上将国家分为中心和边缘以及一
127 个相互交织的半边缘。中心由发达国家构成,而边缘则是发展中国家和附属国家;前者吸取剩余价值,后者输出剩余价值,通过城市系统将剩余价值流连接起来(Johnston,1980a)。

在更精细的尺度上,一个国家也可以划分为中心、边缘和半边

缘区；甚至在国际边缘区里最不发达的国家里，也有其聚集在某个区域（通常是一个单独的地区）的地方资产阶级（Santos，1975）。作为社会—空间辩证法的一个例子，结构主义分析表明了这种国家内部的空间结构是如何发展并自我复制的。其关注重点再一次放在展示这种不平衡发展的不可避免性上，特别关注资本所有权的中心化和集中化，这是近期资本主义转型趋势的特征（Johnston，1982a），马西（Massey，1984）也将英国变化中的空间结构与资本主义投资者的策略联系起来。

本世纪期间，位于世界经济核心的许多国家仍然还有许多工作要做，也就是世人皆知的“区域问题”。其主要表现就是某些地区的（相对）高失业率，这些地区的特征是依赖工业，而目前这些工业正在衰退。这种衰退可能是由于对其产品的需求下降，更可能是由于对这些工业的投资转向了那些生产成本更低因而积累潜力更大的地区（这些地区可能在其他国家，某些还可能在市场之外几千英里，Thrift，1986）。通过对发展的国际差异的研究，结构主义分析一直在寻找区域问题与投资模式空间转换的关系，并由此成为生产力和生产关系之间辩证关系的一部分。这又一次涉及社会—空间的辩证关系。一个地方阶级斗争（很可能是为了使劳动获得更高工资，或者是对环境控制的补偿：Stoper，Walker and Widess，1981）的即时后果可能减少对那里的商业信心并导致投资的转向（Massey，1984）。

最近，对大量国家（例如英国和美国）的描述性分析，已经辨别出不平衡发展模式的一个新空间维，即所谓的内城问题。最初认为这反映了那些地区的环境缺陷，但受结构主义的启发，后来的分

析则认为，内城不过是在生产方式转换持续期间被资本所抛弃的最后阵地（Thrift，1979；Hall，1981a）。因此，

> 空间、政治和经济发展的不平衡是资本主义社会关系所
> 128 固有的……应该用这样的视角来看待内城问题的出现。既然如此，这就不是一个新问题，因为不平衡发展一直存在，它的新奇性在于推动了这个问题的地位（Forrest et al.，1979，p. 114）。

就像区域问题的那种情况，认识到这一点使得分析家们对基于地区的空间解决方案和政策在力图推进投资并由此刺激就业方面的功用和可行性产生怀疑（Holland，1976）。

如上所述，资本流和剩余价值流的传递是通过城市之地进行的。当然，此外还有人口向城市地区的集中，这些都证明了在工业资本主义制度下调整生产手段的必需性。这样，城市化的结构主义分析就非常接近在此勾勒出的对区域差异的分析，就像哈维在他最初对城市主义的分析（Harvey，1973，Chapter 6；参见：Johnston，1980a，1982a）和后来有关资本循环的著作（Harvey，1978）中论述的那样。然而，城市地区是否就是一个敏感的分析焦点——是否存在一种特殊的城市现象——在当前还是有争议的问题（Saunders，1981；Dunleavy，1982）。

所有这些工作都阐明了经济的不平衡发展和它的伴生物，在任何的尺度上，都是资本主义固有过程的必然产物。为了理解这一现象，一个框架被提出来，这一框架可以轻易地应用在经济地理

学的各个方面，尽管经济地理学中某些分支学科（例如农业地理学）的发展不如其他分支那样得到很好的发展；其论点的核心是声明经济地理学的研究不能脱离于更普遍的社会—空间结构研究。关于哪些地区会成为核心，哪些地区是边缘，哪些地区很可能要衰退，哪些地区可能增长，等等，则没有提供相应的解释（Johnston，1982b）。一旦建立起这种空间结构，社会—空间的辩证关系就会力图维持它。“作为过程的结构”以关于现实的理论提供了对实际情况的事后合理化。由于这些理论不能预测辩证关系将怎样展开，也肯定不是在精细的空间细节，所以它们不可能说明哪里会发生什么事。实在论提供了一种普遍的认识，关于特殊性的细节必须配合在其中。

社会地理学：居住地的分离

就像在上述标题下所总结的工作那样，结构主义方法引入到社会地理学，主要是在城市社会地理学中，带来了研究指向的显著改变（例如，比较一下两本有关城市居住模式的书：Johnston，1971；Bassett and Short，1980）。正如第二章（第 36 页）指出的，前
结构主义关于城市区中谁住在那儿的研究，主要从生态学和多元 129
统计分析中获得激励。有些著作（例如 Eyles，1974）已经指出，这是假设：首先，有一定的一组社会关系；其次，这些关系没有质的变化；第三，关于这些关系的“正确性”，关于社会中各个人定位的方式以及他们寻求改变地位的方式的“正确性”，在社会内部有一种认同；第四，对住房的自由竞争，其中所有人都自由地选择住在哪儿。反对这个观点的人认为，社会永远处在变动之中（正如生产关

系在不断转变一样)，社会不是以共识而是以分歧(有时甚至是正面的冲突;Johnston，1980c)为特征，而且包含有各种各样的机制限制对住房和居住地的选择。

在哈维(Harvey，1973)的《社会公正与城市》一书中，有关犹太居住区的形成和城市土地利用理论的两章把这些论题向许多社会地理学家作了介绍。这些观点认为，土地利用模式的决定性因素并不是抽象的"距离摩擦"，也不是选择时自由叫价的结果，而是作为资本主义特征的阶级关系。关于犹太居住区，哈维(p. 135)总结道:

> 富人团体总能够将它的偏好强加于穷人团体，因为无论选择哪个地区，它都有更多的资源来支付运输成本和获取土地。

因此，这个关于社会经济团体和其他(如种族)团体居住区分离的解释是建立在下层结构之上的。它在上层建筑中的表象可以描述和模拟，但不能解释。

哈维(Harvey，1975，pp. 362—363)在一系列一般性论文和关于巴尔的摩内城住房市场的详细研究中，发展了他关于产生居住区分离的驱动力的思想。在属于前者的一篇论文中，他提出了四个假设:

1. 居住区的差异反映了资本主义制度下社会关系的重组。

2. 居住区提供了个人社会化的小环境。

3. 居住区分裂为不同的社区，分散了无产阶级的阶级意识，从而也阻挡了向社会主义的转变。

4.居住区差异的模式反映了以阶级为基础之社会的各种矛盾。

基于这些假设,他认为城市社会区域的产生:

> 至少在其广泛的面貌上是由从资本主义生产过程中发散出的力量所产生的,而不是由人们自动地和自发地产生的偏好所构造的(p.368)。

那些偏好是由资本主义势力在社区环境内的社会化过程制造出来的(参见:Harvey,1985b)。 130

哈维辨别出与资本主义经济有关的种种制度操作,它们促进了居住区分化的产生,并因而为资产阶级及其社团服务。对这些制度以及城市门房和管理人员的分析,已经成为可观的经验工作的焦点(通常被称为城市管理主义:Leonard,1982)。然而,人们逐渐地意识到,尽管此类工作提供了一些关于住房市场运作的有用经验见识,但它不是现实的方法,因为它将注意力集中在决策者身上而不是特定的关联域内。因而,受诸如卡斯泰尔(Castells,1977)《城市问题》的翻译本的影响,一个更公开的马克思主义的方法被采用了(例如:Bassett and Short,1980)。

如同对不平衡经济发展所做的工作一样,许多关于城市社区中产生居住区分离的实在论分析,对各种空间模式为什么出现提供了合理的说明,但对这些模式的细节确没有提供合理的说明。正如本章其他地方所指出的,这些细节与关注主要过程而不关注过程得以实现之方式的马克思主义著作的普遍主题无关。不过已经出现了一些关于社区形态的马克思主义分析，最著名的是沃克(Walker,1978,1981)关于美国郊区化的详细工作。他不仅把郊区化与资产阶级及其社团试图将他们自己与内城的环境和社会消极表象拉开距离的愿望联系起来，而且与在资本主义工业中创造一个“郊区田园风光”的需求联系起来(关于操纵居住区空间来促进社会经济财货的个例研究，也可参见:Johnston,1984c)。

政治地理学的复苏

无论是在其狭窄的分支领域内部还是外部，布赖恩·贝里关于政治地理学是“一潭死水”的评论(Berry,1969,p. 450)都被一再重复。贝里观察到20世纪50—60年代“数量革命”对政治地理学的影响甚微，政治地理学仍然还是(但尚未认识到)理念论和前实证主义之经验主义(大环境主义理论除外，如麦金德〈Mackinder〉的心脏地带概念)的混合物，这激发了他的上述评论。尽管实证主义方法在选举地理学中的应用有了长足的发展(Taylor and Johnston,1979)，政治地理学的复苏还不得不等待结构主义方法的刺激。

各种结构主义方法冲突的焦点为政治地理学家提供了大量有价值的研究主题(如:Burnett and Taylor,1981;Cox and Johns-
131 ton,1982所展示的那样)。许多这类主题都集中于国家在资本主义和其他生产方式中的作用。直到70年代末期，国家的性质还没有被看成是政治地理学家要研究的一个问题，但从那以后的工作就抓住了主要的理论问题，并试图不仅将这一理论结合进政治地理学(如:Johnston,1982b),而且也广泛地结合进人文地理学。克拉克和迪尔(Clark and Dear,1981,1984;Dear,1981)对这一任务作出了重要的贡献,他们的著作《国家机器》既提供了关于国家及其分划为国家机器的理论分析,也提供了关于美国的经验分析。(两者都在 Clark,1985 中得到扩充。)但关于国家为什么是一个地缘单位,他们却没有提供任何意见,而这是曼恩(Mann,1984;他声称国家必然是一个有固定空间界线的地域)和哈维(Harvey,1985a;参见:Sack,1983)研究的一个主题。

泰勒(Taylor,1985a)对实在论政治地理学的发展作出了重要贡献,他的工作严格地定位在沃勒斯坦关于世界体系分析的理论框架中(见第 117 页)。他集中关注国家的国际体系和各国的相互关系(包括战争,也可见:O'Loughlin,1986),关注国家和民族主义,关注作为政治学习的特定关联域的地方性(也可参见第 115 页)。他将三者联系起来,并相信他已经回答了怀疑论者关于世界体系计划的观点(Pahl,1979),即:

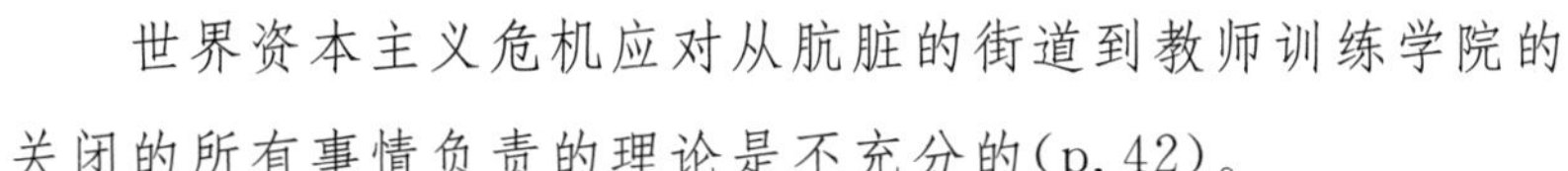

> 世界资本主义危机应对从肮脏的街道到教师训练学院的关闭的所有事情负责的理论是不充分的(p. 42)。

将三者联系起来的另一个类似的尝试,可见:Short,1984。

沃勒斯坦(Wallerstein,1984)关于政治和国家的思想进一步宣告了政治地理学的这一特殊新生(Taylor,1986b)。和哈维(Harvey,1985a)一样,他认为国家一直在保护和促进疆界内的资产阶级与其他疆界的资产阶级争夺利益。(哈维认为,在一个国家的特定关联域内，为了那儿的资产阶级和无产阶级双方的利益，阶级同盟会得到发展，但这样一个同盟往往是短命的。关于国家在反抗日益增加的全球资本动荡中的无能为力，见：Johnston，1986f。）在这一点上，国家在促进资本主义并使之合法化中的角色和功效是值得赞赏的（Taylor and Johnston，1984）。在批判理论的角度看来，从这种认识以及沃勒斯坦所推进的那个思想中得到的教训是，向社会主义的转变不可能一个国家一个国家地实现；它需要一种全球政治以产生一种单一的世界秩序。

历史地理学

对历史地理学者来说，结构主义途径提供了一个解释过去模式的实在论方法，就像它为经济地理学者、社会地理学者和政治地
132 理学者就当前现象所提供的一样。因此，除开时间的关联域，很难将历史地理学与其他地理学分支区别开来。但是，如果这些分支不仅对一个时期的模式，而且对过程和变化模式感兴趣，那么结构主义方法就可能特别适合，因为变化的景观被认为是反映了生产方式的辩证关系（Cosgrove，1984）。这样一种方法对某些重大变化（例如封建主义向资本主义的转变〈Butlin，1978〉和后来工业化的肇始〈Gregory，1978c；Dunford and Perrons，1983〉）的地理学研究别有价值，但如果接受布劳特（Blaut，1961）“空间就是过程”的格言，那么它就与所有关于变化的研究都相关。（参见：Quaini，1982。）

利用结构的概念和对时间地理学的洞察，普雷德（Pred，1978）分析了变化的过程。个人在追求自己和集体的事业时，沿着日常的路径和生活的路径前进。在这样做时，他们遭遇别人，并积累精神经验，这就形成了他们的意图并影响未来的行为。在这个意义上，个人和社会是一组稳定的辩证关系，因而影响个人的任何事情也影响了社会，反之亦然。结果是(Pred，1981a)：

> 社会再生产、个人社会化和结构化的细节，不断地通过特定路径与发生在特定时间和空间位置的特定制度性事件的交叉而得到阐明(见 p.10)。

他用包括他自己的学术论文(Pred，1979，1984a)在内的各种方法阐明这一点，并且展示了制度性结构——进行中的实践——是如何引导家庭生活重组的(Pred，1981b)。他关于结构化的解释构成了包括五个陈述的序列(Pred，1984b，pp.280—281)：

1.任何地方，社会的再生产都是持续不断的，并与所有社会机构(如家庭)中的日常生活不可分割。

2.通过参与社会机构的活动，社会化提供了适合于特定社会关联域的技巧，并导致被吸收为理所当然世界的一部分的地方行为规则。

3.因而人们的意识由自己作为其中一分子的(位置限定的)社会所造就，同时，社会也由个人的意识所造就，因此

> 社会化和社会再生产(和转变)总是互为你我的(p.280)。

4.实践和结构之间存在一种持续的辩证关系，它是结构化的

核心。

5.结构化的特征是：

> 任何社会体系的结构属性都是通过日常实践的运作表现
> 133 出来的，与此同时，日常实践产生和再生那个社会体系的微观
> 水平属性和宏观水平属性(p.281)。

这样，就像该论文的题目所指明的那样，地方是一个"历史的偶然过程"，或像他在其他地方表述的那样(Pred，1984c)：

> 各种社会和各种传记都从来不是处在冰冻状态，而是时时处处都处在变化过程中。人民造就历史和地方，同时人民也是由历史和地方造成的。
>
> 人民不是在自己选择的条件下创造历史和地方，而是在已经存在的特定关联域中直接遭遇社会和空间结构(p.251)。

这是他在论及19世纪早期促进波士顿发展成为一个国际性商业活动中心的精英团体时发展的一个论题。

当然，组成社会结构的体制本身就是人类的产物。认识它们的产生和它们在社会再生产中的作用，是哈维(1985b，1985c)有关资本主义城市化的历史和理论的两卷本研究著作的目的。第一卷《资本的城市化》，通过努力认识城市化如何从资本主义生产方式运动规律的运作中产生，结合空间的产生，进一步继续他以前对马克思主义经济理论的重建(Harvey，1982)。第二卷《意识与城市

经验》，调查了这一过程在特定事例中对社会关系和政治意识的影响(有关性别关系的空间变化，参见：Castells，1983；McDowell and Massey，1984)。意识形成的五种轨迹被辨别出来(Harvey，1985c)，由此：

> 各个人从由金钱个人主义、资产阶级关系、社区的有限一致性、国家有争议的法律和受到保护但很脆弱的家庭生活领域所给定的物质基础中，获得他们的认同感，形成了他们的意识(pp. 261—262)。

所有的这五种轨迹都在特殊的地方交叉：

> 在一个产生出来的城市小环境内，它将所有此类人类关系的社会和自然模式在空间和时间上加以制度化和具体化(p. 262)。

这就提供了一些随机的条件，在其中造成了资本主义城市化的总体趋势。这样，景观本身就既表现出制度轨迹，又表现出资本主义和意识未来发展的随机条件。正如科斯格罗夫(Cosgrove，1984)认为的那样，每一个社会的形成(一种生产方式的历史表现)，都在一个特殊的局部意识中结合了经济、社会、政治、宗教和文化的实 134
践。他声称“景观思想”就是那种意识的一部分；景观是社会组成的文化产物之一——就像文学、绘画、诗和戏剧一样——在 15 世纪到 19 世纪的欧洲，这意味着：

> 一种特殊的感受，一种向自然和人为的外部世界经历和表达感受的方式，一种人类与外部世界关系的连接方式(p.9)。

“作为过程的结构”思想的基本命题(即生产方式作为其内部自身过程和与早期转变的产物相互作用的结果，处在持续的转变之中)，使它成为对历史地理学研究颇具吸引力的框架。确实，既然变化是持续不断地，有人认为就没有历史地理学这种事物。方法论也是这样，无论主题的时间和地点是什么。数据源和关联域在变化，而且必须被学者理解，但这一要求与理解当代世界空间上千差万别的文化关联域的要求相差无几。

小　　结

结构主义工作在人文地理学中的主要影响，在相当的程度上就像人本主义的情况一样，基本上是批评性的。其他思潮特别是实证主义思潮的认识论和本体论基础非常明显，从业者着力反映更多他们工作的本质。因而，如下一章所指出的那样，即使对“过程就是结构”论点的引入，也没有完全达到一些学者(Harvey，1973，p.145)所希望的那样引起地理学实践的革命，但它至少已经辨明了其他思潮的问题所在。

但从无论认识发展还是从社会变化的意义上看，这都是一个不充分的成就，特别对那些坚持强硬马克思主义路线的人和那些将其他思潮看做反革命的人来说是这样。对他们来说唯一合理的认识论是实在论认识论:知识的获得不是通过证据的积累,而是通过理论的发展,以便能够说明社会内部的驱动力、能够提供对于我们在该社会中经验的认识、能够提出用以实现真正(也就是从机制的意义上)社会变革的思想武器。这样一种思潮对大多数人来说都是难以接受的,因为它不能对实证主义意义上的证据进行证实/证伪。对于一个马克思主义者来说,理论的检验不是看它能否解释某些现象或事件,而是看他能否形成一种可行实践的基础,这种实践将产生把人民从统治下解放出来的变化。 135

为了达到马克思主义的目标,特别是如果这个目标通过由批判理论而不是其他(不一定是地理学者的)涉及革命并强加一种新生产方式的理论所推进的途径来达到的,那么这些理论就必须提出一种可接受的实践路线。因此,短期而言,已做的工作和已建立的相对于经验世界的理论,必须是容易被其他人所理解的。正如本章所论,此类工作的开展还很不充分,还有许多议题尚待处理,有许多争论尚待解决,有许多疑问尚待澄清。迄今为止所作的贡献包括证明了需要结构主义方法,指出了必需现实地研究各种过程,指出了此类研究的主要组成部分是理论的明晰表达,指出所揭示机制的活化必须引导对偶然历史和空间环境中发生的事件的正确评价。在某种程度上,理论的实际结果与对它们的理解无关。但是,理论与经历了这些结果的人有关,他们接受结构主义理论的程度可能受他们把结果和过程联系起来的能力的影响。长远来看,结构主义思潮的成败将依赖于理论制造者和“世界居民”之间的辩证关系。

第五章　冲突与融合

136 前面三章简略地描述了在北美和英国现代人文地理学中占主导地位的三种思潮的认识论、本体论、方法论及其实质性贡献。虽然在它们之间存在明显的关系，但本书是将它们分别论述的。本章作为结束的一章，关注关于这三者，或三者中的两者，或三者中的部分，能够在多大程度上统一起来的争论。因而本章焦点是关于融合是否可能的某些看法。

正如所有的争论一样，各种立场都趋向于走极端。在一个极端的人持多元论立场；另一极端的人则认为融合不可能，地理学者必须选择其一。

戈列奇（Golledge，1972）的观点是多元论立场的典型，他宣称：

> 有一件事我们大家都确信无疑，即获得知识的途径并不是唯一的（p. 16）。

这无可争议，因为正如这里所言，知识的定义并不是唯一的。他接着说：

> 今天存在于地理学中心的大量混乱，或许源于认识到显然存在许多种地理学和许多可能的世界。由于我们既不知道选择何种地理学，也不知道瞄准哪种可能的世界，所以不知所措。我们冒着成为教条主义者的风险，是因为试图将所有的世界强行塞入一个非常有限的模式中，在这样做时，我们轻视、忽视或遗忘了其他可能性(p. 21)。

戈列奇反对这种教条主义，反对为地理学实践限定单一途径的企图。与此相反，他认为：

> 让我们每个人都强调我们的个性和差别，强调我们的气质、观念、知识层次、兴趣和观点(p. 22)。

库克勒利斯(Couclelis，1982)同意这种观点，他认为：

> 研究的分散状态本身并不一定有害：这个世界归根结底是由非常不同的地方构成的，我们需要所能获得的所有不同观点……只要存在具有不同气质、信念和意识形态各种人，
> 只要他们有某些思想要表达，那么就应该有实证主义地理学、 137
> 马克思地理学、维也纳学派地理学、法兰克福学派地理学、里昂学派地理学等等的存在空间。学派越多，越令人高兴(p. 105)。

此外，即使这些不同的团体相互之间没有保持经常沟通，也没有多

大问题。只要我们对确定“地理学领域进展”的方向有着共同的见解，那么，

> 那些玩着奇形怪状的彩色小木板的傻瓜，也可能突然间被看成是在同一拼板的不同角落处工作的严肃认真者(p. 106)。

在同一本书中，古尔德(Gould，1982)相信他已经识别了这个拼板。他认为：

> 我们不必选择，……我们不必放弃解释学擅长的技巧，我们支持这两方面的解放。事实上，我们的探究(我想说这是我们的生命)被这种绝对的选择贬低了。我们能够也必须同时运用所有的探究见解和传统，就像并驾拉车的三匹马一样并行不悖(p. 78)。

可用于此的方法论是 Q 分析，一种从观察中揭示结构的结构化语言。

反对这种多元论观点的人中，有些只推崇其一，常常采用攻击其他学派的消极方式，而不是论证他们所推崇观点之优越性的积极方式。因此，在有关结构主义的争论中，莱(Ley，1978)如此攻击马克思主义的某些形式：

> 一个简化论的世界，一个苍白的人类剖面的世界，在那

> 里，无名气、无头脑之辈的运动是依照一个外部操纵者的系统来决定的……唯物主义、简化论、决定论；都有一种机械的认识论和意识形态特征，具有一种不可信的人类模式(p. 48)。

他接着说道(Duncan and Ley，1982)：

> 结构马克思主义已经导致了一种被动的人类模式，该模式是保守的，使得对人类能够改造并确实在改造世界的过程感到困惑(p. 54)。

奇泽姆(Chisholm，1975)也认为马克思主义无益，显然不够格在学术领域占一席之地：

> 哈维希望我们信奉马克思主义辩证法。这种“方法”超越了我的理解力；就其价值而论，它看起来更像一种形而上学的信仰体系，而不像其推崇者所宣称的是一种理性探讨的方式(p. 175)。

而缪尔(Muir，1978)则更加严厉，他将学术上的马克思主义等同于东欧的政治实践，并这样刻画其特性： 138

> 命令来自像马克思、列宁、托洛茨基、斯大林和毛泽东那样只注重行动主义的少数人，党员有责任并必须将他们的个人判断作为党的意志来服从(p. 126)。

其他思潮也遭遇了类似的批判。但也有积极的评论，例如贝里和马布尔(Berry and Marble，1968)对实证主义思潮的评论：

> 通过对空间分布、空间结构和组织以及空间关系的精确定量描述建立了具有前瞻性洞察力的准确概括(p. 6)。

而艾布勒、亚当斯和古尔德(Abler，Adams and Gould，1971)联系应用目标联系来评论：

> 不管是否喜欢，地理学和其他社会科学都承担着社会责任和道德责任。如果我们想履行这些职责，我们只能将地理学当作一门科学来实践，别无选择(p. 28)。
>
> ……解释和说明是我们学科现在的焦点，将来也会继续如此。因为我们希望说明事件，我们必须既解释过程也解释结构，以便我们能够参与到过程中从而产生我们期望的行为空间结构(p. 88)。

最后，还有一些人试图超越多元论，不是否定这些思潮中的任一个，而是以某种方式将它们结合起来。例如赫伯特(Herbert，1978)和约翰斯顿(Johnston，1980b)注意到，实在论思潮涉及几个层次上的工作：经验的、行为的和实在的；并主张用实证主义(确认空间秩序)、人本主义方法(研究诸如城市管理者那样的个体行为者)和马克思主义(识别驱动社会的机制)各自的方法论将它们联系起来。因此(Johnston，1980b)：

> 在现代人文地理学中存在一种强烈的愿望要应用实证主义/行为主义方法，以描述和解释形成我们生活于其中的世界的特定现实……工作应该立足在结构模式中并受其指导，但要成为真正的地理学工作，这还是不够的(p. 411)。

作为回答，埃尔斯和李(Eyles and Lee，1982)争辩道：

> 似乎存在一种假设……即这些“思潮”在某种程度上是可选择的；我们能够从一种思潮中选择这个概念，从另一种思潮中挑出那种方法，再从又一种思潮中选出某种观点。不幸的是，这种折衷主义的愿望是建立在一种错误假设上的，即认为这些思潮的首要区别是分析技术而不是认识论(p. 117)。

赫德森(Hudson，1983)提出了类似的观点，并通过推进一种方法 139
而对它进行了扩展：

> 确定分析的不同层次是正确的，但认为它们必须在不同的理论框架中分别处理然后再融合到一起就不正确了；历史唯物主义本身就提供了这种多层次分析所必需的方法论框架(p. 33)。

芬彻(Fincher，1983)也反对折衷主义，特别是反对折衷地使用马克思主义概念。她注意到：

> 有关的社会科学家对马克思主义分析的见解感兴趣，却又习惯于以其他理论来工作，有时候认为某些马克思主义思想有用而且可以嫁接到其他分析模式上，却不要求采纳全部马克思主义的“完整体系”(p.606)。

但是，她认为这种折衷主义在两方面是不合理的。第一，马克思主义的抽象范畴不能等同于经验概念；它们的理论含义和语义含义不一定相同。第二，马克思主义工作具有某种明显的政治目的，而运用马克思主义术语意味着接受这种目的。因此，虽然：

> 在试图对现实施加影响方面，马克思主义科学与其他科学是类似的(p.608)。

但在认识论和意识形态两方面却有区别；不接受这两点，运用马克思主义术语就不恰当。

因此，选择是必需的吗？能否通过产生一种折衷的混合观点来避免选择，就像将菜单上的不同成分整合成单独的一道菜？为了说明这些问题，有必要弄清楚菜单的内容；这就是下一部分的目标。

三种思潮？

刚才回顾的著述说明某些地理学者否认这里概括的三种思潮中一种或几种的合理性，某些人又试图以不同的方式将它们联合起来，还有一些人只是将一切加以引申，期望每一种思潮最终都对地理知识统一体做出贡献。本章的剩余部分特别关注那些“联合起来”的论点。那些轻视的观点在它们自己的基础上可以树立或者不攻自破；多元论的观点无法检验，虽然它们可以被拆开来。只有那种中间路线是可以探究的。但在此之前，有必要简单阐明这三种思潮之间的区别，这将在对它们隐含的意识形态加以分析的特定关联域中完成。

意识形态是一个广泛使用却又难于定义的术语。某些人将它作为具有积极性的术语，例如拉雷恩（Larrain，1979）是这样定义的：

> 一个阶级的世界观的表述……为了保护和促进其利益而 140
> 在一个阶级内部形成的观点、理论和态度（p. 14）。

按照这种观点，意识形态是看待世界的一个框架——某些人还会认为是一方强加于另一方的框架。但是由于这种强加，它又成了一个消极的概念，按拉雷恩的定义：

> 一个受批评的概念，它意味着一种错误意识或必然欺骗的形式，在某种程度上扭曲了人们对社会现实的认识（pp. 13—14）。

这样一种框架既可能是积极的又可能是消极的，因为它被用于提高社会中某个团体的利益而忽略了其他团体的利益（因而在资本主义制度下，被认为是——以各种形式，多由国家——强加在无产阶级身上的有利于资产阶级利益的意识形态，目的是为了接受资本主义生产方式）。

在这里，一种意识形态的起源——以及它是积极的还是消极的——就没有其内容重要。根据斯卡布勒（Scarbrough，1984），意识形态被定义为由两个部分组成的信仰系统：

1.“稳定地居于事件流面前的”（p. 39）核心信仰、假设条件、价值观和目标；

2. 行动的原则，这是该核心（信仰）的经验性后果，并指导对特定形势的响应。

因此，这里论及的三种思潮中的每一种都等同于一种意识形态。其核心信仰在这里被表达为各种暗喻（metaphors）（或“人类模式”），它导致行为（探究的进行及其目的）原则的不同概念。

按照哈里森和利文斯顿（Harrison and Livingstone，1982）的说法，暗喻是“科学认识之性质的核心”（p. 13），因为语言是科学家们借以表达他们对新发现现象（通常不完善）的认识的手段。他们遵循梅法姆（Mepham，1973），认为科学活动并不会产生一种语言来描述被研究的世界这一方面：是语言首先出现，并成为文化上需要的组织和表达经验的方式。因此新的经验只能在现存语言的特定关联域内来传达，这需要通过暗喻将含义加以转化。在这个意义上，暗喻是认识扩展的关键要素；它可以系统地加以发展，在这种情况下它类似一个模型；或者它可能较少结构性，在这种情况下它接近一种神话（参见：Berry，1980）。

哈里森和利文斯顿为现代地理学思想确立了三个独立的轴

(图 2)，每个轴有一系列相关的暗喻。位于所有暗喻中心的是形
式暗喻，表明人文地理学的主要焦点是区域差异。在功能主义(本 141
书中的经验主义—实证主义)轴上——哈里森和利文斯顿判定为“当代地理学中多被看做是传统的那些东西”(p. 15)——占统治地位的暗喻是机械和有机。机械暗喻表示社会，表示社会由个人组成，它是一个按照预设规律起作用的系统，随刺激而产生可预期的响应。有机(暗喻)具有类似的目的，表示对一个功能系统的整体暗喻，一个地方(例如一个限定的地域及其内容，包括自然环境和人)被具体化为一个复杂而有序的机器。

与结构主义轴相关的暗喻是构造和支配。前者表示结构主义工作的理论目标，通过构造合理的理论，来认识那些无法直接领会的驱动社会的机制。支配则反映这些机制对个人行为的影响：

> 社会的结构不是中性的，但可被看作压迫性的和剥削性的——简言之，它们被看作是统治的工具(p. 23)。

按照这种暗喻，个人受机制约束。但是，遵循主观主义轴(等同于
这里论及的人本主义思潮)的工作： 142

> 一方面与功能主义不同，因为通过提出有关意图和意向的问题，将焦点集中在对社会现实之性质的理解上；另一方面又与结构主义不同，因为强调人类思想和行动的可理解性，而不诉诸决定性的、深层的、普遍的结构(p. 24)。

以此相关的暗喻是语言博弈和文本。前者来源于维特根斯泰因(Wittgenstein)把社会活动描述为各种思想、文字和行动的博弈——我们通过人们的表达形式(文字)来理解他们做什么以及为什么做;含义是通过语言来传达的,而语言,正如(Olsson,1982)提醒地理学者的,是表达的主要约束。文本暗喻扩展了语言博弈,说明含义是以不同的方式来传达的——因此迈尼希(Meinig,1979)主张"阅读景观"以理解其创造者的意图。

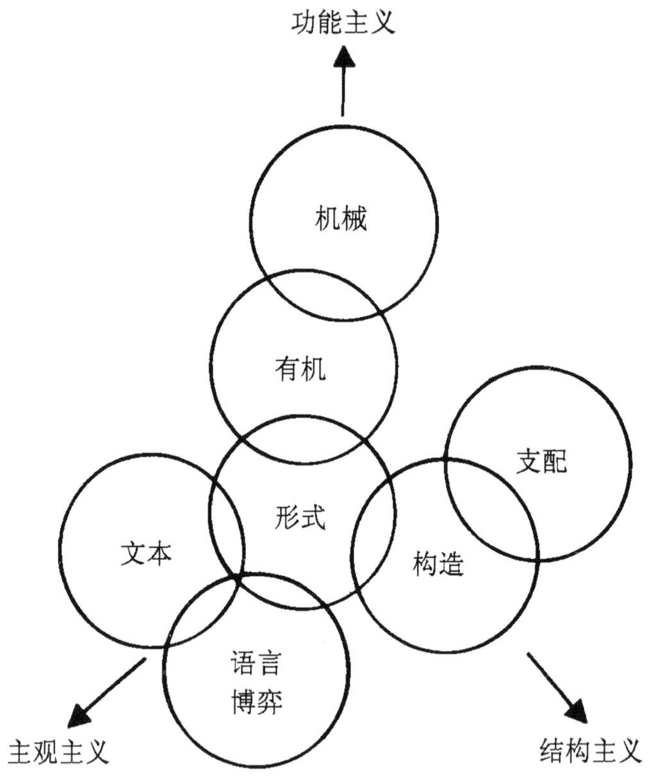

图 2　地理学的暗喻

(资料来源:Harrison and Livingstone,1982,p.18)

哈里森和利文斯顿把这三组暗喻看作是现代人文地理学主流的潜在组织框架。它们是科学活动得以在其中组织起来的模型，是各种地理学意识形态的核心信仰。其他人则提出了另外一些模型——他们称之为“男人的模型(models of men)”，这个词语将在这里被用于指代这类工作，尽管它有蔑视妇女之嫌。

范德拉恩和皮尔斯马(Van der Laan and Piersma，1982)曾经指出，大多数模型所提出的不是主动图像就是被动图像，争论或许涉及一个论点及其对立面两方面——比如环境决定论对或然论的争论。在被动图像中：

> 正在行动的个人被看作是完全受控于外部刺激的“客体”……人被简化成一种无头脑的人(homme sans tete)(p. 414)。

其精神能力可以用机械论的方式加以模型化。另一方面，在主动图像中，“仅仅是外部刺激还不能解释行为”，因为行动的源泉在行为者内部，而不是刺激。因此科学表现为两种基本模式：

> 机械论唯物主义将人看作是一种复杂的可编程机器……容易受科学方法特别是自然科学和数学方法影响……[而]人本主义方法通过人类行为来研究人……[并且]在解释空间行为时强调人的内在创造过程(p. 415)。

他们认为：前一种图像与数量化运动有关，因为它用数量来“僵死”地表现人；而人本主义的工作——其焦点在于决定人类行为的精

143 神氛围——推崇的是主动图像。在他们称为“目标评判(goal-critical)”的工作(例如在马克思主义地理学)中,这两种形式都可以找到。他们引用马克思(Marx,1971)的说法:

> 我自身的存在就是一种社会活动。由于这个原因,我自身的所为就是为社会的所为,并像一种社会存在一样具有行动的意识;个人是一种社会存在。因而这种生活的展现……就是一种社会生活的展现和肯定(pp.46—47)。

这可以当作一种社会决定个人的被动图像来解读;但它也可以被理解为一种个人在社会中扮演创造性角色的主动图像。范德拉恩和皮埃斯马认为,前者是对经典马克思主义的正确解释,因为资本主义社会的机制暗含各种必然性;但是批判理论将两者联合起来:

> 在特定的社会关联域中,人被同时看作是主动的和被动的:在决定社会形式方面是主动的,在经受社会影响方面是被动的(p.422)。

另外一种“人的模型”是由克拉瓦尔(Claval,1983)提出的。他在最近的地理学著作中辨别出三种主要模型。

1. **理性人**(homo rationalis)是许多盛行理论中的经典“经济人”,能够有逻辑地争论,能够不付成本地学习(照此推测,就是不需要教育!);其结果就是完美的决策。按照克拉瓦尔的理解,这种模式具有重要的地理学意义:

> 既然动机是内生的，信息是自由的，因此环境对于决策就没有影响力。这也意味着**理性人**没有孩童时期：没有必要研究他的发展，因为其结果独立于家庭，独立于当地环境，独立于存在的危险。既然人被简化为智力，人就没有命运(p. 3)。

因此地方应该是相同的，地理学只涉及在多大程度上将距离当做需要作出逻辑判断的变量。

2. **历史人**(homo historicus)不接受个人具有先天动机，不接受个人独立于社会和文明；人是在自然环境和社会环境的约束下随时间发展的。但是，克拉瓦尔争辩道：这种发展是集体的而不是个体的：

> **历史人**是有历史的，但它是一种集体的历史，一种他的阶级及这一阶级在整个社会中所处状况的历史；他不具有个人的命运(p. 5)。

对地理学者而言，这也意味着地方是不相关的，空间变化仅仅从社会的差异中产生。

3. **机械人**(homo roboticus)是一种拥有下述特征的人：

> 除了从经验中建立思想和感觉的才能外，实际上不具备任何天生的能力。他是环境的产物(p. 6)。 144

因此个人发展是一种文化适应的过程；人是一种被编了程序以吸

收所教东西的机器。在这里所论的三种模式中,这一个是地理学者们最感兴趣的,因为个人的变化是环境造成的:

> 人是其社会环境的产物;当集团的价值改变时他也随之变化……他具有历史,但不是其个人的历史。他的生活并不具有真正的命运;其特征是由他所处的总条件塑造的(p.7)。

因而在所有三种模式中,人的模式实际上是一种社会模式:人的多样性如果存在(根据理性人,这是不存在的),也不过是社会的多样性。

这三套模式(注意:还有与它们相关的其他模式,参见:Couclelis,1982)确定了为当代人文地理学提供结构框架的核心信仰或意识形态。这三种意识形态能够以某种方式融合到一起吗?或者我们必须做出选择?

整合还是选择?

本书论及的三种地理学思潮是由三种不同的意识形态来支持的,并表现为各种暗喻或"人的模式"。正如本章前面部分指出的,对某些人来说,人文地理学向前发展的最好方式是促进所有这三种思潮,使它们各自都为(人类的)认识作出贡献(或者由于它们没有作出应有的贡献而萎缩);这种"让我们保留差异"的姿态是理想主义的——对一种思潮投入智力资本的人们会承认它作不出贡献吗?——而且其实是胆怯的,因为它回避了根本性的争论。另一些人则准备进行这种争论——虽然经常是从界限分明的意识形态立场——并要就一种单一的可行前景达成结论。第三种人想探究所有这三种思潮，希望发现某种较高层次的综合。本节的重点正是放在这种探究上。

海(Hay，1979)是早期进行这种探究的人之一，他的论文题目“人文地理学中的实证主义：对批评的回答”显示了他的出发点(还可能显示了他所偏爱的目的)。他注意到人本主义和结构主义都卷入了对实证主义的批判，因为两者都倾向于对“所有的”“科学”认识论贴上“实证主义”的标签(p. 2)。他辨别出四种基本的批评：

1. 对各种意图的任何研究都被放弃了，以至于在实证主义方法论中无法评价意图； 145

2. 个人的具体化(即被动的“人的模式”)；

3. 简化论，因为系统被对待为不过是个体的集合；

4. 在考察实证主义的意识形态基础时缺乏自我批评，特别是针对实证主义在一个不平等社会中的发现的有效性时。

为对付这些批评，指出了对(所谓的?)实证主义工作的性质所产生的五种误解。第一，海不主张所有的主题都能够按照“科学对话”的规则来研究(p. 4)：他承认科学和形而上学之间的区别，并不认为可以消除后者。(因而，按照基特的说法〈见第 13 页〉，他拒绝科学至上主义。)第二，他指出不应该将实证主义工作等同于常态理论，因此，放弃基于理性人的理论并不意味着放弃“实证主义的科学概念”。第三，他认为不应该将实证主义方法等同于寻求普遍的(时间和空间上不变的)地理规律。他认为实证主义的目标是(沿用波普尔的说法)：

> 确定个人或团体试图解决的（实践或政治）**问题状况**，确定在这种状况下的**决定性**要素，并说明为什么历史活动与该状况相适应。这样一种方法是可以证伪的……因此，以这种方式就有可能谈论关于绝非符合规律的人类行为的客观逻辑分析（p. 5）

（这就接近实用主义的哲学〈p. 59〉；这种观点的展开，参见：Hay，1985a。）第四，他认为不应该将预测等同于预言。在实证主义工作中，预测是用以检验假设以说明未知事物的方式，它只能为预言提供基础，在一种“好像……”的关联域内假设应用于该检验状况的条件会再现。最后，他认为任何设定的解释都很可能是不完整的，但是

> 一种地理学理论所提出的问题并不是“这种理论**完全**解释了所观察的变化吗？”，而是较为谦逊的问题：“这种理论对所观察变化的解释作出了部分贡献而不使其继续模糊不清吗？”。如果区位理论的主张用这种语气来表达，对它的批评就不再有意义了（p. 9）。

因此，海所做的就是从实证主义的科学概念中提炼出解决问题的方法论；他提出一种经验评价程序，这在某些人看来是有效的（或许就如同实用主义，见第 59 页），但不是实证主义（参见：Johnston，1986b）。他还评论了其他两种思潮，然后试图对三者设
146 立一个调和方案。在这里，所用术语是哈伯马斯（Habermas，

1972)提出的,他鉴别出三类科学:经验分析的或规律性的(包括实证主义);解释学的;以及批判性的。海宣称地理学跨越了所有这三种类型,因此人文地理学能够同时包含:

> 规律性地理学,它寻求像实证主义所观察到那样认识城市地租之类理论的运作;解释学地理学,它力图辨识城市地租制度对那些身处其中的(主动或被动)参与者的含义;批判性地理学,它针对当前城市地租制度本身代表资本主义制度转换的程度,但又承认其某些特征可能确实是“不变的规律”(p. 22)。

这里的术语有点不适宜,因为规律性通常被解释成“专指法则或包含法则”。在他的特定关联域内,海似乎在为受实证主义启发的经验分析辩护,认为这种分析能够明确“不变的规律”——虽然对这种不变性的范围没有作详细说明。

海的论点得到其他人的回应。例如克里斯腾森(Christensen,1982)提出了非常类似的观点,她争论道:

> 现象学成为对实证主义的一种否定,但不是对实证科学即经验科学的否定。然而在人文地理学中却缺乏这种观点,因为人文地理学者始终没有搞清楚实证主义和经验科学的区别(p. 43)。

后者“产生了准确、精密和确定的实践知识”(p. 47),但仅此而已。

它不是人文科学的敌对物：

> 如果人文科学要发展一种与所研究的人文现象相关，又是相对主观(intersubjectively)而合理的理论框架，那么描述性、解释性和经验的成分都是必需的。每一种成分都预设着其理论态度，但每一种成分都按照各具其特色的方法进行。经验的成分通过假设检验的方法进行；描述性部分借助描述分析的手段展开；解释性部分使用解释学的规范(pp. 50—51)

(请注意这里没有提到结构主义观点。)在这样一种方法中，量化的潜在价值得到承认；正如泰勒(Taylor，1981)和沃克(Walker，1981b)所澄清的，它在精确描述上的运用至关重要，尽管塞耶(Sayer，1984)并不同意这种说法，而任何实证主义——仅仅是实证主义——的确定性量化公式都是错误的(Johnston，1986b)。

海的观点在最近关于区域地理学复兴的争论中也得到了反映。斯卡吉尔(Scargill，1985)注意到近年来地理学内所实践方法的多样性，并就东英格兰沼泽地地区的事例对这些方法作了阐述。

> 历史地理学家看待这个地区时的首要兴趣也许是再现其
> 147 过去的景观，研究所选择的时段对应于排水系统演化过程中的主要变化。与此相对，进行空间分析的地理学家则寻求将沼泽现象——作物、农场、排水沟等等——与他的分布统计模型相匹配，同时观测所选择现象如何从革新中心向外扩散。

> 对于自然地理学家,沼泽是首要且最重要的受控生态系统实例,其兴趣主要在于动植物对水文状况的响应。该地区的文学和民俗为人文学者提供了出发点,他们或许读过多萝西·塞耶斯(Dorothy Sayers)的小说《九个裁缝》(*The Nine Tailors*),并对这个地区生活和特性的这种描写感兴趣。然而,某些人可能偏好风景方面,关注如何从艺术上表现这个地区。最后,马克思主义者会试图根据资本主义土地所有权的危机来解释该沼泽地区的地理学,他们会观察目前农场格局如何对欧共体的价格(其本身与资本的国际分化相关)作出响应,观察富有的农场主如何从一个并不是为他们制定的系统中获利(pp. 140—141)。

所有这些方法都被认为是有“价值的”,并且认为:

> 注意这个地区如何以不同的方式加以研究,将有助于学生们领会地理学的系统分支如何组合到一起(p. 141)。

但是,并没有现成的框架能够将它们组合到一起。斯卡吉尔的见解曾咨询过格雷戈里,他(Gregory,1984)也认为:

> 我想所有这些——至少是绝大多数——方法都能够[为沼泽地区的研究]作出显著贡献(p. 486)。

而且是以一种他在其他地方斥责为“不成熟折衷主义”的明显无序

方式(Gregory,1978a,p. 169)。

哈里森和利文斯顿(Harrison and Livingstone,1982)在促进融合方面取得了一点进展。他们认为,由于各种暗喻都基于某种共享的语言,它们本身就成为一些桥梁:

> 暗喻意味着认识绝不纯粹是个人的而是共有的(暗喻沟通了共享的含义),绝不纯粹是智力上的而是经验上的(暗喻从共享的经验中产生),绝不纯粹是理论的而是实践的(暗喻在某种共享的特定关联域中得到实践)(p. 30)。

它们的调和基于人本主义,沟通了主观主义者和结构主义者的暗喻;并且建立在一直通过语言表达共有预先假定的某种认识论的基础上(Livinstone and Harrison,1981)。这些预先假定提供了各种含义得以产生和交流的框架,在它们之上

148 > 有可能建立起一种人本主义地理学,它同时:是**批判性的**,要对我们的预先假定提出质疑而不是存而不论;是**解释学的**,要解释行为背后的含义;是**经验性的**,要检验被主观解释的客观世界(p. 370)。

因此我们承认,人们使用的暗喻使得它们与其他东西沟通,探索它们如何构成了对经验世界的解释,并且批判性地评价它们如何产生。

早期既批判实证主义思潮又批判结构主义思潮的格尔克推崇

实在论（Guelke，1982，参见第78页），他认为（Guelke，1985）：

> 只要地理学家有责任将他们对特定地理现象的解释建立在证据之上，就有可能在不同哲学立场的鼓吹者之间存在一种对话（p. 135）。

他注意到在历史学者中，对奴隶制的研究是一个“实证主义者、马克思主义者和其他人都很活跃”的领域（p. 135）。因此可以从非常不同的意识形态视角提出问题，但也可以从经验上来评价——例如，他就引用了“奴隶制的消亡是因为种植糖料不再有利可图吗？”（我不敢肯定这是否容易评价。）。然而，这个问题是否根据实证主义提出，却并不清楚。格尔克认为：

> 绝不能期望一个重要的解释会被所发现的第一个否定证据推翻，但是关于关键问题之新证据的积累肯定要求对已接受的思想加以更改和修正（p. 136）。

从好处说，这是沿着海所主张的路线呼唤严格的经验探究（虽然格尔克不像海，他似乎不接受批判理性主义的标准）；但这并不意味着完全接受“实证主义态度”。格尔克推崇围绕某些主题聚集成一个统一的地理学，但同时保留哲学上的多元化以能提出经验问题。他相信：

> 形形色色的地理现象有待持不同观点的学者来研究，这

> 个事实会对所有的人施加压力，使得他们对其主张要谨慎，对其证据的质量要仔细。例如，一个具有自由主义倾向的实证主义地理学者会希望说明某一城市的人如何富裕起来，或者说明这个过程如何产生。如果从事这项工作的学者知道它将会受一个对他的一般意识形态倾向没有太多认同的马克思主义者的批判性审视，那么这项工作无疑会受益(p.136)。

但是，不管特定的关联域是什么，都必须仔细地使用证据；其结果都能从某种哲学途径内部加以仔细审视，就像可以从其外部审视
149 一样。而格尔克将描述等同于实证主义是对后一种审视作了错误表达。在试图融合几种思潮的努力方面，这不如杰克逊和史密斯(Jackson and Smith，1984)的工作有说服力，他们凭借实用主义、互动主义(interactionism)、韦伯(Weber)的层化理论和结构化(但非实证主义)理论来提供：

> 一种用以正确评价空间和社会的含义及形式的手段，一个按照维持它们的权势关系聚焦于社会界限和空间界限的机会，一个充分理解结构和行为之间关系的起点，这适宜于解释各种空间关系，也适宜于理解社会相互作用(p.208)。

他们承认这会受到某些人的责难，因为它将自然科学和社会科学分离开来，并且不否认人的创造性和自由。但是，他们说：

> 这种观点并不否认存在约束，也不拒绝承认约束通常是

隐含的、对于其所影响的事物是难以接受的。

它将人本主义和结构主义方法的要素结合在一起，并且从其实用主义的基础上推进严格的经验分析。

克拉瓦尔(Claval,1983)寻求一种略有不同的调和，因为他在文献中辨别出的模式基本上全属于功能主义(理性人、机械人)或结构主义(历史人)类型。他认为对主观主义轴发展一种新模式的各种企图是不可调和的，他试图在生态人(homo ecologicus)的基础上将它们统一起来。对此至关重要的是他的"个人命运"概念；人们在特定经验特别是早期生活经验的特定关联域中——以机械人所倡导的那些普通方式——学习，所以要理解就要研究传记，以便阐明：

> 人部分地选择他所发展的身份类型。目前研究与实证主义研究之间的主要区别，是创造性和自由似乎不再令人反感。我们预设的角色不仅仅是我们形成的结果。我们随时在改进和修正它们。我们按照我们钦佩的人或我们羡慕的团体所提供的模式来塑造我们的行为(p. 16)。

所以人是在地方传统的特定关联域内，由文化来塑造的。

因此，克拉瓦尔的探究不是为了将现存暗喻或模式进行折衷主义的混合，而是为了产生一种能够超越和替代它们的新模式。这与其他寻求消除被思里夫特(Thrift,1983)称之为决定论和唯意志论的两极端人文地理学观点的人们有许多共同之处(虽然克拉瓦尔的三段论不承认唯意志论观点，但它无疑反映了其工作的特定关联域——法国地理学——不同于这里所讨论的几乎所有其他流派；因而促成了思里夫特的称谓）。思里夫特也注意到各种社会理论（即关于社会的理论）也趋向于极端化。组成的理论将众多
150 个人划分为社会内的团体（阶级等），并据此说明他们的行为——就像大多数结构马克思主义那样。关联域理论根据特定空间和时间关联域来说明行为——就像克拉瓦尔**生态人**所暗示的那种传记方法。结构化理论（参见第 114 页）通过将行为既置于某一地方关联域（思里夫特称之为“交互结构”的东西；p. 41）又置于组成秩序（“客观的社会结构”）中，从而把两者结合起来。地方是一种在时间上和地域上限定的社会系统，是由人们作为他们对组成秩序的解释而创造的，又作为人们传记的特定背景创造人们；这两种创造行动是连续的（见：Gregory，1981），以至于地方的性质及居住在其中的人们都处在连续流中。

结构化模型为包括地理学在内的综合社会科学提供了一个框架；但在某些人看来，它在经验层次难于操作，因为并不清楚如何“切入”结构和中介的连续递归相互关系，以便进行经验研究（Gregson，1986；参见：Moos and Dear，1986；Dear and Moos，1986）。然而，它提供的是一种综合框架，而不是一种“包罗万象”的观点。泰勒（Taylor，1982，1985a）建立在沃勒斯坦世界系统方法（见第 117 页）基础上的政治地理学重建，为如何利用这种框架提供了一个例证。在那里，组成结构就是资本主义的全球化世界经济——泰勒称之为**现实的尺度**。其中存在许多地方，人们在其中生活、学习和行动——这些构成了**经验的尺度**。地方和世界经

济间的中介是国家——泰勒称之为**意识形态的尺度**。所有这三个层次都是人类的创造物，三者作为人类行为（包括三者之间的相互作用）的结果都在不断变化。于是，就出现了一种完全包含地理学的历史社会科学，因为变化既是空间的又是时间的（Taylor，1986a）。结构主义思想被提出来了，因为它们能够说明驱动世界经济的机制；人本主义思潮出现了，因为国家和地方都代表着一定意图并为解释提供着特定关联域；经验分析出现了，因为它们允许评价对这种历史社会科学的空间和时间组分所作的试探性描述。然而，实证主义不在此列，因为不能设想确定的秩序具有普遍性。

贯穿在所有这些讨论中的一个共同威胁，是通常很明确的对实证主义的拒斥，正如拒斥这个词的一般意义所表明的那样（参见第 12 页）。实证主义方法构建普遍规律的指向遭到拒斥，正是由于它的严格而不能走向决定论—唯意志论这个连续统的另一端。这在最近关于区域地理学复兴的讨论中得到了反映（King，1985）。在过去，区域地理学一直是一种经验主义工作（最近又重 151
新被推动成这样；Hart，1982）。它陷入了所称谓的**唯一性陷阱**（Johnston，1985a），认为每一个区域作为环境、文化和其他特性的集合体，表现为个别的现象；对它的解释只能从内部进行。实证主义作为这类工作的对立面，却陷入了**普遍性陷阱**，认为每个区域的特征无非是一系列（以可预测方式）相互作用的普遍规律的结果。要回避这两种状况就涉及把每个区域都看成是**独特的**，是对普遍机制的一种独特而连续不断的——因而总是不断变化的——解释：在这种观点看来，区域是组成方法和关联域方法的交集，是**生态人**（作为**历史人**和**机械人**的混合物）的空间表现。

本节中所评论的大多数著作都暗示(甚至明确指出)没有必要在这三种思潮之间作出选择,因为它们能够以某些方式整合起来。(某些人指出了整合的性质,另一些人则只是说"统统整合",大概希望某些一致的东西会出现。)但是事实上所有的人都作了选择,因为:

1.他们拒绝寻求普遍化和规律,而这是实证主义科学概念的核心。

2.他们拒绝了唯意志论,这是几种人本主义思潮(特别是理念论和存在主义)的基础。

3.他们拒绝了决定论,这是结构主义某些变种的核心,就像马克思主义和(暗指的)现象学的某些解释那样。

4.他们拒绝了中立的、无私的观察者—科学家概念(Couclelis,1983 称之为科学的旁观者观点)。

统而言之,这四种拒绝合起来就否定了这里所评论的几乎所有思潮的价值,而选择一种方法——将组成秩序和特定关联域两者结合起来的结构主义变种。就其本身而言,这是一个具有许多变种的巨大工作范围。其基本原则也就是实在论的那些(Sayer,1984,1985),但绝不包括实证主义或理念论方面。这是关于创造其自身的人的研究,这种创造既在其他人(在地方上)如何创造了他们自身的关联域内,又在经济系统机制的关联域内。这是菜单上的更深入话题。

研　究　工　作

正如这里所指出，这种选择是相当苛刻的，它应该在进行任何研究之前完成。但是这种情况如果有的话也非常罕见，因为人们不会从首先考察各种思潮的哲学论点来开始某一学科的研究。大多数以像地理学研究者的某种职业为生的人，是在该学科长期教育社会化之后才从事其职业的，该学科几乎肯定包括两个主要因 152
素：主题的分化，特别是在教育的后期阶段；强调经验工作。

同大多数社会科学一样，人文地理学也有充分的经验探究历史，大多数探究都具有经验主义倾向；现在，尽管对哲学问题知之甚多，但在其课程和课程大纲中还保留着这种倾向。经验材料的表述——或者从系统上来组织（通常按照主题划分，例如经济的、城市的等等；有时候按照空间形式，例如 Haggett，1965），或者从空间上来组织（区域地理学）——在地理学教育的教学成分中占主导；而实践成分的特征就是此类材料的收集和分析。因此潜在的人文地理学研究者很容易就被社会化成相信他们的作用就是为经验材料的储备添砖加瓦。

这种工作指向很容易不是导致实证主义思潮就是导致人本主义思潮，其中一个强调数据、严谨的分析和普遍性，另一个则强调特殊性和解释。还有一些模型可供遵守。对于前者，存在数量庞大学术论文，它们具有下述格式：关于某个主题的文献综述，被检验假说的来源，某个“试验”的导入，对各种结果的评价。正如这里所强调的，这些都可能是明显实证主义的，并表现为涉及探求普遍性;或者可能是严格的经验科学而不明显旨在为理论的更广泛发展作贡献。关于人本主义途径,现有的模型会勾画出一种研究风格,其特征是公开囿于原始资料(文本),并试图在没有任何报告者偏见或强加结构的情况下传达这些原始资料的内容:布蒂默(Buttimer,1983)阐述地理学各种思潮之个性的自传体文章中的陈述可以作为这种途径的例证;比林格、格雷戈里和马丁(Billinge,Gregory and Martin,1984)所编辑的文集也是例证,虽然那里所描述的地理学几乎完全是经验主义的。

因此,大多数人文地理学家在从事研究工作时很可能会对实证主义或人本主义方法表现出一种固有的偏见,但他们的主要目标是处理经验问题。在其他研究者的反作用方面,以及广泛的文献中,对此的反映可能是导致哲学立场的某种再提炼,并最终导致一种明显结构化的个人意识形态的清晰化。但是,在大多数情况下这并不会发生;研究者继续从事经验研究,普遍信奉这两种思潮中的一种,但很少公开承认。

153 关于第三种思潮又如何呢?一些评论者(例如:Hall,1981b)着重指出将经验研究置于一种结构框架之中的问题,因为其机制理论不产生经验预测。这被解释成意味着理论没有什么价值——它们什么都预测不了,因此也不能正式评价——并且由于所有的经验结果都能与它们联系起来,它们也对一切都放了马后炮。因此,利普西(Lipsey,1979)在评论迪尔拉沃(Dearlove,1979)名为《英国地方政府的重组》一书时写道:

迪尔拉沃的模型属于没有什么东西与它相抵触的那种

……问题是，显然与任何事实都完全相符一种理论终究是空洞的，既缺乏预测力也缺乏解释力(pp.217—218)。

这种批评可能会建议要么执著于关于机制的理论，永远不要用经验材料来“弄脏手”；要么只在经验层次上工作，绝不为下伏的机制烦恼。

然而，真正的选择不是关于如何做经验工作，而是关于如何利用它。大多数经验研究涉及资料——或数据——的收集和评价。这是用最普通的相关技术——对数量化数据的多元统计程序，或许还有文本资料的描述(Daniels，1985)——来分析的。一般来说，人们会预期前者被用在一种实证主义框架中，作为构建主题之一般模型的建筑材料可用于关于未来的某种规划形式中。人们会希望后者被用来说明文本所描写的状况，为认识添砖加瓦(Paterson，1974)，这意味着一个更为了解的社会，仅此而已。但是两者都能够同样好地用于结构主义途径——特别是把组分和特定关联域结合起来的途径——的情况中，以阐明关于普遍机制的特定解释结果。经验材料，不管量化与否，是否做过假设检验，就其潜在功效而言，对于任何一种哲学思潮都不是特殊的；因此，结构主义解释的很多进展一直特别凭借在没有明确目标的情况下所产生的材料。

考克斯(Cox，1983；参见：Cox and McCarthy，1982)报道了一个关于俄亥俄州哥伦布市邻里行动主义的研究项目，就对此作了说明。该研究关注这个都市化区域的哪些人卷入了邻里行动主义，这被定义为讨论和采取步骤以应付当地感觉到的问题。它表明，假如其他条件相同，在以下情况下邻里行动主义的水平最高：(1)相对于其他家庭而言，在有学龄儿童的家庭中，因为邻里的变化——不管是实际的还是可能的——都会影响当地学校，因而潜
154 在地影响这种服务的使用者；(2)相对租房者而言，在拥有私有住房的人中，因为邻里的变化会对影响他们的资产投资。这些预测被数据所支持，导致了下述结论(Cox and McCarthy，1982)：

> 总之，在这里得到检验的调查数据基础上，我们发现住房所有权和儿童确实使得居民对当地居住区的事件感兴趣，在这些事件变得成问题的地方以行动主义表现出来；并且这些效果并不依赖于其他可能的相关变量所产生的影响……(pp. 207—208)。

显然，这是一项接近于实证主义传统而不是人本主义的经验研究；数据是以问卷调查的形式收集的，并进行了多元统计分析。该研究已牢固地置于行为地理学领域内(p. 38)。由于被用来促进邻里行动主义普遍性的建立，这会使该研究被归入实证主义范畴——但作者在任何地方都没有声明这个目标。他们进行的只是一种经验案例研究。显然，邻里行动主义并不局限在俄亥俄州哥伦布市，应该说没有任何理由认为哥伦布市的情况不具有代表性。但这不是目的，因为考克斯和麦卡锡感兴趣的是引起邻里行动主义发展的下伏势力，而并不关心建立其他地方也适用的相同经验结果。他们对下伏势力的关注促使他们考察构成社会部分组成结构的阶级关系，并且假设邻里行动主义是这些关系的产物。资本

势力力图改变邻里以促进(资本)积累,而劳动的所有者反抗这种企图及其对他们生活的潜在影响:对于前者,邻里是交易价值的源泉;而对于后者,这就不仅仅是使用价值的源泉了。这些价值的冲突在地方上演,在各种偶然的情况下刺激了被卷入的各个人的那种反应,但它不仅仅是一系列地方冲突。因此(Cox and McCarthy,1982):

> 邻里行动主义作为地方的一种政治学,仅仅是更根本冲突的一种表现(p. 197)。

这并不是说会永远如此;当组成结构和特定关联域变化时,行为也会随之改变。

以这种方式,考克斯和麦卡锡利用经验材料既提出了被观察关系的结构解释,又说明了结构机制在一定环境下的经验后果。他们工作并没有暗示邻里行动主义是这些机制的必然产物——除非各种偶然条件与他们在哥伦布市调查时所掌握的相同。其他人也许对结果会有不同的解释,并且认为这些结果是人类行为普遍 155
规律的例证,并且会否定考克斯和麦卡锡的结构性解释。经验研究结果能够以多种多样的方式加以**利用**。

从这里可以看出,经验研究纲要独立于研究者所采用的哲学思潮。但这只是部分事实。经验研究的目的是描述一种形势,严谨的分析并不是某些思潮专有的特征。但描述的措辞至关重要,在某种程度上,支撑研究事业的意识形态至少会影响到描述如何使用术语(Sayer,1984;也可见例如:Dunleavy and Husbands,

1985,关于英国选举研究中的阶级定义)。

在这个特定关联域内,舒纳德、芬彻和韦伯(Chouinard, Fincher and Webber, 1984)观察到了一个有趣的情况:

> 在科学人文地理学不同分支的实际研究实践中,相同之处比"实证主义"传统和"后实证主义"[即实在论]传统之间表面上所允许和陈述的差异要多得多(p. 346)。

他们认为这种情况的原因是没有任何研究类型可以在一种受控的实验环境(封闭系统,正如 Sayer, 1984 所称谓的)中进行。在人文地理学的实证主义工作中,规律是假设在一定关联域内运作的,其中所有潜在影响变量的作用既不能预测也不能评价;由于这个原因,不可能有绝对的标准来证实或证伪一个假说。同样,在实在论研究中,所研究规律的普遍趋势是在其特性不能被预测的特定偶然条件下实现的,因此排除了对假设趋势的任何绝对检验。在这两种情况中,理论都必须通过指出经验材料的试验性和误差来加以评价;他们指出,这就是拉卡托斯(Lakatos, 1978)"科学研究纲领"概念的基础。因此,正如考克斯和麦卡锡的工作案例所阐明的,同样的经验材料可以用于认识论大异其趣的研究纲领之特定关联域中。正如舒纳德、芬彻和韦伯(Chouinard, Fincher and Webber, 1984)所说:

> 人文地理学中各种传统的支持者都面临类似的研究方法论问题,并且在评价研究设计时都使用类似的方法论标准,这

> 就表明对人文地理学的研究质量需要更精致的评价(p. 375)。

这些评价必须是在解释性框架层次上。当然,他们设想经验研究中采用的概念本质上是合理的;如果一个传统中用于收集和比较数据的定义与另一个传统的理论范畴不相容,那么同样的经验材 156
料就不能在两者中都使用。

所以对许多研究者来说,在他们的经验研究活动与他们的哲学考虑之间存在一种辩证关系,而且前者常常先于后者。对于某些人,意识形态的澄清已经完成,经验研究的框架已经建立。但对于大多数人,研究实践却包括关于如何——在经验发现产生之前、产生之时和产生之后——利用经验发现的(内部甚至外部)争论。在这种如何利用经验上学到的东西的选择中,他们严格的科学描述才能够以各种方式发挥作用。

结　　论

人们在特定关联域内作出各种选择。意识形态对于这种选择至关重要,在人文地理学中,人们所拥有的关于社会的一系列基本信念是其选择的基础;如何进行经验研究与如何利用因此获得的结果,并不是同等重要的;对大多数人来说,那些信念会表现在他们的“人的模式”中。意识形态是学来的,它们构成了不仅关于如何追随所选择的科学而且关于为什么追随的个人解释。对某些人来说,科学本身就是一种目的;但对另一些人来说,科学是到达目的的手段。与这里概述的三种思潮相联系的各种目的有极大差异

(Johnston,1986b):对于实证主义者,目标是社会工程,操纵社会走向某些特定目标而远离其他目标;对于人本主义者,目标是增进对自身认识和相互认识;对于结构主义者(尤其是与批判理论相关的结构主义者),目标是解放,是消除混淆社会驱动机制之解释的错误意识形态。这里所讨论的关于这三者的各种整合建议,基本上是第三种思潮的不同变种。

因此仍然需要选择。这不仅仅是在定量研究和定性研究之间选择,因为这种选择可以在每种思潮之内完成(如果必须选择:它肯定取决于所作经验研究的性质)。更重要的是,这是在决定论(无论是结构的还是经验的)、唯意志论或关联域论之间选择。最重要的是,这是一种意识形态的从而是一种政治的选择。以某一特定方式选择人文地理学的思潮,就是选择——虽然不言明——推进某种社会意识形态。

文献目录

Abler, R. F., Adams, J. S. and Gould, P. R. 1971: *Spatial organization*. Englewood Cliffs: Prentice-Hall.

Agnew, J. A. and Duncan, J. S. 1981: The transfer of ideas into Anglo-American human geography, *Progress in Human Geography* **5**, 42—57.

Althusser, L. 1969: *For Marx*. London: Penguin.

Althusser, L. and Balibar, E. 1970: *Reading Capital*. London: New Left Books.

Amedeo, D. and Golledge, R. G. 1975: *An introduction to scientific reasoning in geography*. New York: John Wiley.

Andreski, S. (ed.) 1974: *The essential Comte*. London: Croom Helm.

Appleton, J. 1975: *The experience of landscape*. Chichester: John Wiley.

Archer, J. C. and Taylor, P. L. 1981: *Section and party*. Chichester: John Wiley.

Ardrey, R. 1969 *The territionrial imperative*. London: Fontana.

Asheim, B. T. 1979: Social geography-welfare state ideology or critical social science? *Geofronm* **10**, 5—18.

Ayer, A. J. 1964: *Language, truth and logic*. Second edition. London: Victor Gollancz.

——1968: *The origins of pragmatism*. London: Macmillan.

Baker, A. R. H. and Gregory, D. (eds.) 1984: *Explorations in historical geography: interpretative essays*. Cambridge: Cambridge University Press.

Ballabon, M. B. 1957: Putting the 'economic' into economic geography. *Economic Geography* **33**, 217—223.

Barnes, B. 1982: *T. S. Kuhn and Social science*. London: Macmillan.

Barnes, J. A. 1979: *Who should know what? Social science, privacy and ethics*. London: Penguin.

Bassett, K and Short, J. R. 1980: *Housing and residential structure*. London: Routledge and Kegan Paul.

Bauman, Z. 1978: *Hermeneutics and social science*. London: Hutchinson.

Beavon, K. S. O. 1976: *Central place theory*. London: Longman.

Beck, R. N. 1969: *Perspectives in philosophy*. New York: Holt, Rinehart & Winston.

Bennett, R. J. 1979a: Space-time models and urban geographical research. In D. T. Herbert and R. J. Johnston(eds.) *Geography and the urban environment*. Volume 2. Chichester: John Wiley, 27—58.

——1979b: *Spatial time series*. London: Pion.

——1980: *The geography of public finance*. London: Methuen.

——1981a: Quantitative and theoretical geography in Western Europe. In R. J. Bennett(ed.) *European Progress in Spatial Analysis*. London: Pion, 1—34.

——1981b: A hierarchical control solution to allocation of the British Rate Support Grant. *Geographical Analysis* **13**, 300—314.

——1985: Quantification and relevance. In Johnston. R. J. (ed) *The future of geogrpahy*. London: Methuen, 211—223

——and Chorley. R. J. 1978: *Environmental systems: philosophy, analysis and control*. London: Methuen.

Berry, B. J. L. 1969: Book review. *Geographical Review* **59**, 450

——1980: Creating future geographies. *Annals of the Association of American Geographers* 70, 449—458.

——and Horton, F. E. (eds.) 1970: *Geographic perspectives on urban systems*. Englewood Cliffs: Prentice-Hall.

——and Marble, D. F. 1960: Introduction. In Berry, B. J. L. and Marble, D. F. (eds.) *Spatial analysis*. Englewood Cliffs: Prentice-Hall, 1—9.

Bhaskar. R. 1975: *A realist theory of science*. Brighton: Harvester Press.

——1979:*The possihility of naturalism*. Brighton:Harvester press.

Billinge,M. 1977:In search of negativism:phenomenology and historical geography. *Journal of Historical Geography* **3**,55—67.

——1983:The Mandarin dialect:an essay on style in contemporary geographical writing. *Transactions Institute of British Geographers* **NS8**, 400—420.

——,Gregory,D. and Martin,R. L. (eds.) 1984:*Reflections on a revolution*. London:Macmillan.

Blakemore,M. J. 1981:From way-finding to map-making. *Progress in Human Geography* **5**,1—24.

Blaut,J. M. 1961:Space and process. *The Professional Geographer* **13(4)**,1—7.

——,McCleary,G. and Blaut,A. S. 1970:Environmental mapping in young children. *Environment and Behaviour* **2**,335—349.

Blaut,J. M. and Stea,D. 1971:Studies of geographic learning *Annals of the Association of American Geographers* **61**,387—393.

Blouet,B. W. 1981:Preface in B. W. Blouet(ed);*The origins of academic geography in the United States*. Hamden,Conn. :Archon Books.

Boden,M. A. 1979:*Piaget*. London:Fontana.

Bottomore,T. 1978:Marxism and sociology. In Bottomore,T. and Nisbet,R. (eds.) *A history of sociological analysis*. London: Heinemann, 118—148.

Braithwaite,R. B. 1953:*Scientific explanation*. Cambridge:Cambridge University Press.

Breitbart,M. M. 1981:Peter Kropotkin,the anarchist geographer In Stoddart, D. R. (ed) *Geography,ideology and soial concern*. Oxford:Basil Blackwell,134—153.

Brewer, A. 1980:*Marxist theories of imperialism*. London:Routledge and Kegan Paul.

Brookfield,H. C. 1975:*Interdependent development*. London:Methuen.

Browett, J. G. 1984: On the necessity and inevitability of uneven spatial development. *International Journal of Urban and Regional Research* **8**, 155—176.

Brown, R. H. 1943: *Mirror for Americans: likeness of the Eastern Seaboard 1810*. New York: American Geographical Society.

Bunting, T. E. and Guelke, L. 1979: Behavioral and perception geography: a critical appraisal. *Annals of the Association of American Geographers* **69**, 448—462.

Burgess, E. W. and Bogue, D. J. 1967: Research in urban society: a long view. In Burgess, E. W. and Bogue, D. J. (eds.) *Urban sociology*. Chicago: Phoenix Books, 1—14.

Burnett, A. D. and Taylor, P. J., (eds.) 1981: *Political studies from spatial perspective*. Chichester: John Wiley.

Burton, I. 1963: The quantitative revolution and theoretical geography. *The Canadian Geographer* **7**, 151—162.

Butlin, R. A. 1978: The late middle ages c. 1350—1500. In Dodgshon, R. A. and Butlin, R. A. (eds.) *An historical geography of England and Wales*. London: Academic Press, 199—149,

Buttimer, A. 1979: Erewhon or nowhere land. In Gale, S. and Olsson, G. (eds.) *Philosophy in geography*. Dordrecht: D. Reidel, 9—37.

Buttimer, A. 1981: On people, paradigms and 'progress' in geography. In Stoddart, D. R. (ed.) *Geography, ideology and social concern*. Oxford: Basil Blackwell, 81—99.

——1983: *The practice of geography*. London: Longman.

Carlstein, T. 1980: *Time, resources, society and ecology*. Lund: Department of Geography, Royal University of Lund.

Caro, R. A. 1975: *The power broker: Robert Moses and the fall of New York*. New York: Vintage Books.

Castells, M. 1977: *The urban question*. London: Edward Arnold.

——1983: *The city and the grassroots*. London: Edward Arnold.

Chapman, G. P. 1977 *Human and environmental systems*. London: Academic Press.

Chase-Dunn, C. (ed.) 1982: *Socialist states in the world-syslem*. Beverly Hills: Sage.

Chisholm, M. 1967: General systems theory and geography. *Transactions, Institute of British Geographers* **42**, 45—52.

——1975 *Human geography: evolution or revolution*? London: Penguin.

——1979: *Rural settlement and land use*. London: Hutchinson.

Chorley, R. J. 1964: Geography and analogue theory. *Annals of the Association of American Geographers* **54**, 127—137.

——1973: Geography as human ecology. In R. J. Chorley (ed): *Directions in geography*. London: Mcthuen, 155—170.

——and Haggett, P. (eds.) 1967: *Models in geography*. London: Methuen.

Chouinard, V., Fincher, R. and Webber, M. 1984: Empirical research in scientific human geography. *Progress in Human Geography* **8**, 347—380.

Christensen, K. 1982: Geography as a human science: a philosophic critique of the positivist-humanist split. In Gould, P. and Olsson, G. (eds.) *A search for common ground*. London: Pion, 37—57.

Clark, G. L. 1985: *Judges and the cities: interpreting local autonomy*. Chicago: University of Chicago Press.

Clark, G. L. and Dear, M. 1981 The state in capitalism and the capitalist state. In Dear, M. J. and Scott A. J. (eds), *Urbamzation and urban planning in capitalist society*. London: Methuen, 45—62.

——1984: *State apparatus: structures and language of legitimacy*. Boston: Allen and Unwin Inc.

Claval, P. 1983: *Models of man in geography*. Syracuse: Department of Geography, University of Syracuse, Discussion Paper 79.

Cliff, A. D. and Ord, J. K. 1980: *Spatial processes*. London: Pion.

Cliff, A. D. et al 1981: *Spatial diffusion*. Cambridge: Cambridge University Press.

Collingwood, R. G. 1946: *The idea of history*. Oxford: Oxford University press.

——1965: *Essays in the philosophy of history*. Austin: University of Texas Press.

Cooke, R. U. 1985a: Applied geomorphology. In Kent, A. (ed.) *Perspectives on a changing geography*. Sheffield: The Geographical Assocation, 36—47.

——1985b: *Geomorphological Hazards in Los Angeles*. London: George Alien and Unwin.

Cosgrove, D. E. (ed.) 1982: *Geography and the humanities*. Loughborough: Department of Geography, Loughborough University of Technology. Occasional Paper 5.

——1984: *Soccial formation and symbolic landscape*. London: Croom Helm.

Couclelis, H. 1982: Philosophy in the construction of geographyic reality. In Gould, P. and Olsson, G. (eds.) *A search for common ground*. London: Pion, 105—140.

——1983: Some second thoughts about theory in the social sciences. *Geographical Analysis* **15**, 28—33.

Couclelis, H. and Golledge, R. G. 1983: Analytic research, positivism, and behavioral geography. *Annals of the Association of American Geographers* **73**, 331—339.

Cox, K. R. 1976: American geograpby: social science emergent. *Socrial Science Quarterly* **57**, 182—207.

——1981: Bourgeois thought and the behavioral geography debate. In Cox, K. R. and Golledge, R. G. (eds.) *Behavioral problems in geography revisited*. London: Methuen, 256—280.

——Residential mobility, neighbourhood activism, and neighhourhood problems. *Political Geography Quarterly* **2**, 99—118.

——Neighborhood conflicts and urban social movements: questions of historicity, class and social change. *Urhan Geography* **5**, 343—355.

——and Johnston, R. J. (eds.) 1982: *Conflict, polmcs and the urban scene*. London: Longman.

——and McCarthy, J. J. 1982 Neighbourhood activism as a politics of turf. In Cox, K. R. and Johnston, R. J. (eds), *Confhct, politics and the urban scene*. London: Longman, 196—218.

Cybriwsky, R. and Ley, D. 1974: Urban graffiti as terntorial markers. *Annals of the Association of Amenrican Geographers* **64**, 491—505.

Damels, S. 1985: Arguments for a humanistic geography. In Johnston, R. J. (ed.) *The future of geography*. London: Methuen, 143—158.

Deat, M. J. (1981) The state: a research agenda. *Environment and Planning A* 13.

Dear, M. J. and Moos, A. I 1986: *Structuration theory in urban analysis*. 2 Empirical application. *Environment and Planning A* **18**, 351—374.

Dearlove, J. 1979: *The wergamsation of British loeal government*. Cambridge: Cambridge University Press.

Downs, R. M. and Stea, D. 1973: Cognitive maps and spatial behavior: process and products. In R. M. Downs and D. Stea. (eds.) *Image and environment*. London: Edward Arnold, 8—26.

——1977: *Maps in minds*. New York: Harper and Row.

Duncan, J. S. 1981: From container of women to status symbol: the impact of social structure on the meaning of the house. In Duncan, J. S. (eds.) *Housing and identity*. London: Croom Helm, 36—59.

——1980: The superorganic in American cultural geography. *Annals of the Association of American Geographers* **70**, 181—198.

Duncan, S. S. 1979. Qualitative change in human geography-an introduction. *Geoforum* **10**, 1—5.

——1981 Housing policy, the methodology of levels, and urban research: the case of Castells. *International Journal of Urban and Regional Research* **5**, 231—254.

Dunford, M. 1980: *Historical materialism and geography*. Brighton: Univer-

sity of Sussex, Research Papers in Geography.

Dunford, M. and Perrons, D. 1983: *The arena of capital*. London: Macmillan.

Dunleavy, P. 1982: Perspectives on urban studies. In Blowers, A. *et al*. (eds) *Urban change and conflict: an inerdisciplinary reader*. London: Harper and Row, 1—16.

Dunleavy, P. and Husbands. C. T. 1985: *Brirish democracy at the crossroads*. London: George Allen and Unwin.

Ebdon, D. S. 1985: *Statistics in geography: a practial approach*. Oxford: Basil Blackwell.

Eliot Hurst, M. E. 1980: Geography, social science and society: towards a re-definition. *Australian Geographical Studies* **18**, 3—21.

——1985: Geography has neither existence nor future. In Johnston, R. J. (ed.) *The future of geography*. London: Methuen, 59—91.

Entrikin, J. N. 1976: Contemporary humanism in geography. *Annals of the Association of American Geographers* **66**, 615—632.

Evans, E. E. 1973: *The personality of Ircland: habitat, heritage and history*. Cambridge: Cambridge University Press.

Ewing, A. C. 1934: *Idealism: a critical survey*. London: Methuen.

Eyles, J. 1974: Social theory and social geography. In Board. C. *et al*. (eds.) *Progress in geography* 6, London: Edward Arnold, 27—88.

——1981: Why geography cannot be Marxist: towards an understanding of lived experience. *Environment and Planning A* **13**, 1371—1388.

——*and Lee*, *R*. 1982: *Human geography in explanation*. *Transactions*, *Institute of British Geographers* **NS7**, 117—122.

Farber, M. 1943: *The foundation of phenomenology*. Cambridge, Mass.: Harvard University Press.

Fincher, R. 1983: The inconsistency of eclecticism. *Environment and Planning A* **15**, 607—622.

Forrest, R. et al. 1979: The inner city: in search of the problem. *Geoforum* **10**, 109—116.

Fothergill, S. and Gudgin, G. 1982: *Unequal growth: urban and regional employment change in the UK*. London: Heinemann.

Frazier, J. W. 1981: Pragmatism: geography and the real world. In Harvey, M. E. and Holly, B. P. (eds.) *Themes in geographic thought*. London: Croom Helm, 61—72.

Freeman, T. W. 1961 *A hundred years of geography*. London: G Duckworth.

——1980: *A history of modern British geography*. London: Longman.

Garfinkel, H. 1967: *Studies in ethnomethodology*. Englewood Cliffs: Prentice-Hall.

Gibson, E. 1978: Understanding the subjective meaning of places. In Ley, D. and Samuels, M. S. (eds.) *Humanistic geography*. London: Croom Helm, 138—154.

Giddens, A. 1974: Introduction. In Giddens, A. (ed.) *Positivism and sociology*. London: Heinemann, 1—22.

——1967: *New rules of sociological method*. London: Hutchinson.

——1979: *Central problems in social theory*. London: Macmillan.

——1981: *A contemporary critique of historical materialism*. London: Macmillan.

——1984: *The constitution of society*. Cambridge: Polity Press.

Glacken, C. J. 1967: *Traces on the Rhodian shore*. Berkeley: University of California Press.

Godelicr, M. 1972: Structure and contradiction in *Capital*. In Blackburn, R. (ed.) *Ideology in social science*. London: Fontana, 334—368.

Gold, R. L. 1958: Roles in sociological field observations. *Social Forces* **36**, 217—223.

Golledge, R. G. 1980: A behavioral view of mobility and migration research. *The Professional Geographer* **32**, 14—21.

——1981: Misconceptions, misinterpretations, and misrepresentations of behavioral approaches in human geography. *Environment and Planning A* **13**, 1325—1344.

——1982:Fundamental conflicts and the search for geographical knowledge. In Gould,P. and Olsson,G. (eds.) *A search for common ground*. London:Pion,11—23.

——1983:Models of man,points of view,and theory in social science. *Geographical Analysis* **15**,57—60.

——*and Amedeo,D.* 1968:*On laws in geography. Annals of the Association of American Geographers* **58**,760—774.

——and Rushton,G. 1984:A review of analytic behavioural research in geography. In Herbert,D. T. and Johnston R. J. (eds.) *Geography and the Urban Environment,Volume 5*,Chichester:John Wiley,1—44.

Gould,P. R. 1973:On mental maps. In Downs R. M. an Stea D. :(eds.) *Image and enviroment*. London:Edward Arnold,182—220.

——1979:Geography 1957—1977:the Augean period. *Annals of the Association of American Geographers* **69**,139—151.

——1982:Is it neccessary to choose? Some technical. hermeneutic and emancipatory thoughts on inquiry. In Gould, P. and Olsson, G. (eds.) *A search for common ground*. London:Pion:71—104.

——1985:*The geographer at work*. London:Routledge and Kegan Paul.

Gregory, D. 1978a: *Ideology, science, and human geography*. London: Hutchinson.

——1978b:The discourse of the past:phenomenology,structuralism and historical geography. *Journal of Historical Geography* **4**,161—173.

——1978c:The process of industrial change 1730—1900. In Dodgshon,R. A. and Butlin, R. A. (eds.) *An historical geography of England and Wales*. London:Academic Press,291—311.

——1980: The ideology of control: systems theory and geography. *Tijdschrift voor Eronomische en Sociale Geography* **71**,327—342.

——1981:Human agency and human geography. *Transactions, Institute of British Geographers* **NS6**,1—18.

——1984:Book review. *Environment and Planning D:Society and Space 2*,

485—487.

Gregory, K. J. 1985: *The nature of physical geography*. London: Edward Arnold.

Gregson, N. 1986: On duality and dualism: the case of structuration and time geography. *Progress in Human Geography* **10**.

Grene, M. 1959: *Introduction to existentialism*. Chicago: University of Chicago Press.

Grigg, D. B. 1965: The logic of regional systems. *Annals of the Association of American Geographers* **55**, 465—491.

Guelke, L. 1974: An idealist alternative in human geography. *Annals of the Association of American Geographers* **64**, 193—202.

——1975: On rethinking historical geography. *Area* **7**, 135—138.

——1978: Geography and logical positivism. In Herbert, D. T. and Johnston, R. J. (eds.) *Geography and the urban environment* Volume 1. Chichester: John Wiley, 35—61.

——1976: The philosophy of idealism. *Annals of the Association of American Geographers* **66**, 168—169.

——1982: *Historical understanding in geography*. Cambridge: Cambridge University Press.

——1985: On the role of evidence in physical and human geography. *Geoforum* **16**, 131—137.

Habermas, J. 1972: *Knowledge and human interesis*. London: Heinemann.

——1976: *Legitimation crisis*. London: Heinemann.

Hagerstrand, T. 1970: What about people in regional science? *Papers, Regional Science Association* **24**, 7—24.

Haggett, P. 1965: *Locational analysis in human geography*. London: Edward Arnold.

——1980: *Human geography: a modern synthesis*. Third Edition. New York: Harper and Row.

Hall, P. (ed.) 1981a: *The inner city*. London: Heinemann.

——1981b:Book review:the limitatoins of marxist urban studies. *New Society* **57**(982),439—440.

Hanfling,O. 1981:*Logical positivism*. Oxford:Basil Blackwell.

Harris,C. 1971:Theory and synthesis in historical geography. *The Canadian Geographer* **15**,147—172.

——1978:The historical mind and the practice of geography. In Ley,D. and Samuels,M. S. (eds.) *Humanistic geography*. London:Croom Helm, 123—137.

Harrison,R. T. and Livingstone,D. N. 1982:Understanding in geography: structuring the subjective. In Herbert,D. T. and Johnston,R. J. (eds.) *Geography and the urban environment* Volume 5 Chichester:John Wiley,1—40.

Hart,J. F. 1982:The highest form of the geographer's art. *Annals of the Association of American Geographers* **72**,1—29.

Hart,R. A. and Moore,G. T. 1973:The development of spatial cognition:a review. In Downs R. M. and Stea D. (eds.) *Image and environment*. London:Edward Arnold,246—287.

Hartshorne,R. 1939:*The nature of geography*. Lancaster,Pa. :The Association of American Geographers.

——1984:in *The Geographical Journal* **150**,129.

Harvey,D. 1969:*Explanation in geography*. London:Edward Arnold.

——1973 *Social justice and the city*. London:Edward Arnold.

——1974a:Population,resources and the ideology of science. *Economic Geography* **50** 256—277.

——1974b:What kind of geography for what kind of public policy? *Transaction,Institute of British Geographers* **63**,18—24.

——1975:Class structure in a capitalist society and the theory of residential differentiation. In Peel, R. , Chisholm, M. and Haggett, P. (eds.) *Processes in physical and human geography*. London:Heinemann,354—372.

——1978:The urban process under capitalism. *International Journal of Urban and Regional Research* **2**,101—132.

——1981 Marxist geography. In Johnston R. J. ,(ed.) *The dictionary of human geography*. Oxford:Basil Blackwell,209—212.

——1982:*The limits to capital*. Oxford:Basil Blackwell.

——1984:On the history and present condition of geography:an historical materialist manifesto. *The Professional Geographer* **36**,1—10.

——1985a:The geopolitics of capitalism. In Gregory,D. and Urry,J. (eds.) *Social relations and spatial structures*. London:Macmillan,128—163.

——1985b:*The urbanization of capital*. Basil Blackwell:Oxford.

——1985c:*Consciousness and the urban experience*. Oxford:Basil Blackwell.

Hay,A. M. 1979:Positivism in human geography:response to critics. In Herbert D. T. and Johnston R. J. (eds.) *Geography and the urban environment* Volume 2. Chichester:John Wiley,1—26.

——1985a:Scientific method in geography. In Johnston,R. J. (ed.) *The future of geography*. London:Methuen,129—142.

——1985b:Statistical tests in the absence of samples:a note. *The Professional Geography* **37**,334—338.

Haynes,R. M. 1975:Dimensional analysis:some applications in human geography. *Geographical Analysis* **7**,51—68.

——1978:A note on dimensions and relationships in human geography. *Geographical Analysis* **10**,288—292.

Heathcote,R. L. 1965:*Back of Bourke*. Melbourne:Melbourne University Press.

Heibroner,R. L. 1980:*Marxism:for and against*. New York:W. W. Norton.

Held,D. 1980:*Introduction to critical theory*. London:Hutchinson.

Herbert,D. T. 1978:Introduction:geographical perspectives and urban problems. In Herbert,D. T. and Smith,D. M. (eds.) *Social problems and the city:geographical perspective*. Oxford:Oxford University Press,1—9.

Hirst, P. Q. 1985: *Marxism and historical writing*. London: Routledge and kegan paul.

Hobsbawm, E. J. 1972: Karl Marx's contribution of historiography. In Blackburn, R. (ed.) *Ideology in social science*. London: Fontana, 265—283.

Holland, S. 1976: *Capital versus the regions*. London: Macmillan.

Hoskins, W. G. 1955: *The making of the English landscape*. London: Hodder and Stoughton.

Hudson, R. 1983: The question of theory in political geography: outlines for a critical theory approach. In Klot, N. and Waterman, S. (eds.) *Pluralism and political geography*. London: Croom Helm, 29—35.

Huggett, R. 1980: *Systems analysis in geography*. Oxford: Oxford University Press.

Hugill, P. J. 1975: Social conduct on the golden mile. *Annals of the Association of American Geographers* **65**, 214—228.

Jackson, P. 1981: Phenomenology and social geography. *Area* **13**, 299—305.

——1983: Principles and problems of participant observation. *Geografiska Annaler* **65B**, 39—46.

——1985: Urban ethnography. *Progress in Human Geography* **9**, 157—176.

——and Smith, S. J. 1984: *Exploring social geography*. London: George Allen and Unwin.

James, P. E. and Martin, G. J. 1981: *All possible worlds: a history of geographical ideas*. New York: John Wiley.

Johnston, R. J. 1971: *Urban residenual patterns*. London: Bell and Hyman.

——1978: *Multivanaic statistucal analysis in geography*. London: Longman.

——1979: *Geography and geographers Angle American human geography since 1945*. London: Edward Arnold.

——1980a: *City and society*. London: Penguin.

——1980b: On the nature of explanation in human geography. *Transactions, Instrute of British Geographers* **NS5**, 405—412.

——1980c: Political geography without politics *Progress in Human Geogra-*

phy **4**,439—446.

——1981b:Political geography. In Bennett R. J. and Wrigley N. (eds.) *Quantuatur geography in Britain retrospect and prespect*. London: Routledge and Regan Paul,374—381.

——1982a:*The American urban system*. New York:St. Martm's press.

——1982b:*Grography and the state*. London:Macnullan.

——1983a:*Geography and geographers:Angle American human geography since* 1945. Second edition. London:Edward Arnold.

——1983b:Texts, actors and higher managers: judges, bureaucrats, and the political organisation of space *Political Geography Quarierly* **2**,3—20.

——1983c:Who needs theory? A response from the schizophrenic middle ground. In Waterman,S. and Kliot,N. (eds.) *Pluralism and political geography*. London:Croom Helm,24—28.

——1983d: Resource analysis, resource management and the integration of human and physical geography. *Progress in Physical Geography* **6**,127—146.

——1984a:The region in twentieth-century British geography. *History of Geography Newsletter* **4**,26—35.

——1984b:*City and society: an outline for urban geography*. London: Hutchinson.

——1984c:*Residential segregation, the state and constitutional conflict in American urban areas*. London:Academic Press.

——1985a:Exploring the future of geography. In Johnston,R. J. (ed.) *The future of geography*. London:Methuen,1—26.

——1985b:*The geography of English politics: the 1983 general election*. London:Croom Helm.

——1985c:To the ends of the earth. In Johnston,R. J. (ed.) *The future of geography*. London:Methuen,326—338.

——1986a:Philosophy,ideology and geography. In Gregory,D. and Walford, R. (eds.) *New horizons in geography*. London:macmillan.

——1986b:*On human geography*. Oxford:Basil Blackwell.

——1986c:Individual freedom in the world-economy. In Johnston,R. J. and Taylor P. J. (eds.) *A world in crisis? Geographical perspectives*. Oxford:Basil Blackwell,173—195.

——1986d:Places matter. *Irish Geography* **18**,58—63.

——1986e: Theory and methodology in social geography. In Pacione, M. (ed.) *Progress in social geography*. London:Croom Helm.

——1986f:The state,the region and the division of labor. In Scott,A. J. and Storper,M. J. (eds.) *Production,work,territory*. Boston:George Allen and Unwin,265—280.

——and Claval,P. (eds.) 1984:*Geography since the Second World War:an international survey*. London:Croom Helm.

——and Gregory S. 1984. The United Kingdom. In Johnston. R. J. and Claval,P. (eds.) *Geography since the second world war:an international survey*. London:Croom Helm,107—131.

Jones,D. 1978:Implications of 'schooling' in economic anthropology for interpretations of the economic geography of non-industrial societies. In Berry, B. J. L. (ed.) *The nature of change in geographical ideas*. Northern Illinois University Press,de Kalb. 126—153.

Kaufmann,W. 1975:*Existentialism from Dostoevsky to Sartre*. New York: Meridian Books.

Keat,R. 1981:*The politics of social theory*. Oxford:Basil Blackwell.

——and Urry,J. 1975:*Social theory as science*. London:Routledge and Kegan Paul.

Keeble, D. E. 1967: Models of economic develoment. In Chorley, R. J. and Haggett,P. (eds.) *Models in geography*. London:Methuen.

——1976:*Industrial location and planning in the United Kingdom*. London:Methuen.

King,R. L. (ed.) 1985:*Geographical futures*. Sheffield: The Geographical Association.

Kirk, W. 1951: Historical geography and the concept of the behavioural environment. *Indian Geographical Journal* **25**, 152—160.

——1963 Problems of geography. *Geography* **48**, 357—371.

——1978 *The road from Mandalay. Transactions, Institute of British Geographers* **NS3**, 381—394.

Kolakowski, L. 1978: *Main currents of Marxism*. Three volumes. Oxford: Clarendon Press.

Kraft, V. 1953 *The Vienna circle: the origin of neo-positivism*. New York: Philosophical Library.

Kuhn, T. S. 1962: *The structure of scientific revolutions*. Chicago: University of Chicago Press.

Kurzweil, E. 1980: *The age of structuralism*. New York: Columbia University Press.

van der Laan, L. and Piersma, A. 1982: The image of man: paradigmatic cornerstone in human geography. *Annals of the Association of American Geographers* **72**, 411—426.

Lacey, A. R. 1976: *A dictionary of philosophy*. London: Routledge and Kegan Paul.

Lakatos, I. 1978: Falsificaton and the methodology of scientific research programmes. In Worrall, J. and Currie, G. (eds.) *The methodology of scientific research programmes, philosophical papers, volume 1*. Cambridge: Cambridge University Press, 401—419.

Larrain, J. 1979: *The concept of ideology*. London: Hutchinson.

Leach, E. R. 1974 *Lévi-Strauss*. London: Fontana.

——1981: British social anthropology and Lévi-Straussian structuralism. In Blau, P. M. and Merton, R. K. (eds.) *Continuities in structural enquiry*. Beverly Hills: Sage Publications, 27—50.

Leeds, A. 1984: Cities and countryside in anthropology. In Rodwin, L. and Hollister, R. M. (eds.) *Cities of the mind*. New York: Plenum Press, 291—312.

Leonard, S. 1982: Urban managerialism. *Progress in Human Geography* **6**, 190—215.

Lewis, G. M. 1981: Amerindian antecedents of American academic geography. In Blouct, B. W. (ed.): *The origins of aradem ic geography in the United States*. Hamden, Conn.: Archon Books, 19—36.

Lewis, J. and Melville, B. 1978: The politics of epistemology in regional science. *London Papers in Regional Science* **8**. London: Pion, 82—100.

Lewis, O. 1957: *La vida*. London: Panther Books.

Lewis, P. F. 1979 Axioms for reading the landscape. In Meinig, D. W. (ed.) *The interpretation of ordinary landscapes*. New York: Oxford University Press, 11—32.

Lewis, P. W. 1965: Three related problems in the formulation of laws in geography. *The Professional Geographer* **17(5)**, 24—27.

Ley, D. 1974: *The black inner city as fronticr outpost*. Washington DC: Association of American Geographers.

——1977: Social geography and the taken-for-granted world. *Transactions, Institute of British Geographers* **NS2**, 498—512.

——1978: Social geography and social action. In Ley, D. and Samuels, M. S. (eds.): *Humanistic geography*. London: Croom Helm, 41—57.

——1981: Behavioral geography and the philosophies of meaning. In Cox, R. R. and Golledge, R. G. (eds.) *Behavioral problems in geography revisited*. London: Methuen, 209—230.

——1983: *A social geography of the city*. New York: Harper and Row.

Lipsey, D. 1979: Book review. *New Society* **50(890)**, 25 October, 217—218.

Livingstone, D. N. and Harrison, R. T. 1981: Immanuel Kant, subjectivism, and human geography: a preliminary investigation. *Transactions, Institute of British Geographers* **NS6**, 359—374.

Lloyd, P. E. 1979: The components of industrial change for Merseyside Inner Area: 1966—1975. *Urban Studies* **16**, 45—60.

——and Dicken. P. 1978: *Location in space*. London: Harper and Row.

Lowenthal, D. 1961: Geography, experience and imagination: towards a geographical epistemology. *Annals of the Association of American Geographers* **51**, 241—260.

——1975a: Past time, present place: landscape and memory: *Geographers Review* **65**, 1—36.

——1975b The place of the past in the American landscape. In Lowenthal, D. and Bowden, M. J. (eds.) *Geographies of the mind*. New York: Oxford University Press, 89—118.

——1985: *The past is a foreign country*. Cambridge: Cambridge University Press.

Lowenthal, D. and Prince, H. C. 1964: The English landscape. *Geographical Review* **54**, 309—346.

Lynch, K. 1960: *The image of the city*. Cambridge, Mass.: MIT Press.

Lyons, J. 1977: *Chomsky*. London: Fontana.

McDowell, L. and Massey, D. 1984: A woman's place? In Massey, D. and Allen, J. (eds.) *Geography matters*! Cambridge: Cambridge University Press, 128—147.

Macquarrie, J. 1972: *Existentialism*. London: Hutchinson.

Magee, B. 1973: *Popper*. London: Fontana.

Mann, M. 1984: The autonomous power of the state: its origins, mechanisms and results. *European Journal of Sociology* **25**, 185—213.

Marshall, J. U. 1985: Geography as a scientific enterprise. In Johnston, R. J. (ed.) *The future of geography*. London: Methuen, 113—128.

Martensson, S. 1979: *On the formation of biographies*. Lund: C. W. K. Gleerup.

Martin, R. L. and Oeppen, J. E. 1975: The indentification of regional forecasting models using space-time correlation functions. *Transactions, Institute of British Geographers* **66**, 95—118.

Marx, K. 1971: Existence and consciousness. In Thompson, K. and Tunstall, J. (eds.) *Sociological perspectives*. London: Penguin.

——1976: *Capital*. London: Penguin.

Massey, D. 1979: A critical evaluation of industrial-location theory. In Hamilton, F. E. I. and Linge, G. J. R. (eds.) *Spatial analysis, industry and the industrial environment*. Chichester: John Wiley, 57—72.

——1984: *Spatial divisions of labour: social structures and the geography of production*. London: Macmillan.

——and Allen, J. (eds.) 1984: *Geography matters!* Cambridge: Cambridge University Press.

——and Meegan, R. A. 1979: The geography of industrial reorganisation. *Progress in Planning* **10**, 155—237.

Mead, G. H. 1934: *Mind, self and society*. (edited by C. Morriss). Chicago: University of Chicago Press.

Meinig, D. W. 1979: Reading the landscape: an appreciation of W. G. Hoskins and J. B. Jackson. In Meinig, D. W. (ed.) *The interpretation of ordinary landscapes*. New York: Oxford University Press, 195—244.

——1983: Geography as an art. *Transaction, Instute of British Geographers* **NS8**, 314—328.

Mepham, J. 1973: The structuralist sciences and philosophy. In Robey, D. (ed.) *Structuralism: an introduction*. Oxford: Oxford University Press, 104—137.

Mercer, D. C. 1978: Book review. *Progress in Human Geography* 2, 537—542.

——and Powell, J. M. 1972: *Phenomenology and related non-positivistic viewpoints in the social sciences*. Clayton, Victoria: Monash Publications in Geography 1.

Mikesell, M. W. 1978: Tradition and innovation in cultural geography. *Annals of the Association of American Geographers* **68**, 1—16.

Mitchell, B. and Draper, D. 1982: *Relevance and ethics in geography*. London: Longman.

Moos, A. I. and Dear, M. J. 1986: Structuration theory in urban analysis: 1

theoretical exegesis. *Environment and Planning* A**18**,231—252.

Morris,D. 1967:*The naked ape*. London:Jonathar Cape.

Muit,R. 1978:Radical geography or a new orthodoxy? *Area* **10**,322—327.

——1979:Radical geography and Marxism. ***Area*** **11**,126—127.

Mulkay,M. J. 1975:Three models of scientific development:*Sociological* ***Review*** *23*,509—526.

Nell,E. 1972:Economics:the revival of political economy. In Blackburn,R. (ed.) *Ideology in social science*. London:Fontana,76—95.

Newman,J. L. 1973:The use of the term 'hypothesis' in geography. *Annals of the Association of American Geographers* **63**,22—27.

Nystren,J. D. 1963:Identification of some fundamental spatial concepts. *Papers of the Michigan Academy of Science, Arts and Letters* **48**, 373—384.

Olafson,F. A. 1967:*Principles and persons*. Baltimore:The Johns Hopkins Press.

O'Loughlin,J. 1986:World power competition and local conflicts in the Third World. In Johnston,R. J. and Taylor,P. J. (eds.) *A world in crisis? Geographical perspectives*. Oxford:Basil Blackwell,231—268.

Olsson,G. 1975:*Bird in egg*. Ann Arbor:Department of Geography. University of Michigan;London:Pion.

——1978:Of ambiguity or far cries from a memorializing mamafesta. In Ley, D. and Samuels,M. S. (eds.):*Humanistic geography*. London:Croom Helm. 109—120.

——1979:Social science and human action or on hitting your head against the ceiling of language. In Gale,S. and Olsson,G. (eds.) *Philosophy in geography*. Dordrecht:Reidel,287—308.

——1982:-/-. In Gould,P. and Olsson,G. (eds.) *A search for common ground*. London:Pion,223—231.

Openshaw,S. and Taylor,P. J. 1980:A million or so correlation coefficients: three experiments on the modifiable areal unit problem. In Wrigley,N.

(ed.) *Statistical applications in the spatial sciences*. London: Pion, 127—144.

——1977: Environmental ideologies. *Environment and Planning A* **9**, 3—14.

Outhwaite, W. 1975: *Understanding of social life: the method called verstchen*. London: George Allen and Unwin.

Pahl, R. E. 1979: Socio-political factors in resource allocation. In Herbert, D. T. and Smith, D. M. (eds.) *Social problems and the ciry: geographical perspectives*. Oxford: Oxford University Press, 33—46.

Paterson, J. H. 1974: Writing regional geography. In Board, C. *et al*. (eds.) *Progress in Geography* **6**. London: Edward Arnold, 1—26.

Peet, J. R. 1975: Inequality and poverty: a Marxist-geographic theory. *Annals of the Association of American Geographers* **65**, 564—571.

——1977: The development of radical geography in the United States. *Progress in Human Geography* **1**, 64—87.

Piaget, J. 1971: *Structuralism*. London: Routledge and Kegan Paul.

——and Lyons, J. V. 1981: Marxism: dialectical materialism, social formation and the geographical relations. In Harvey, M. E. and Holly, B. P. (eds.) *Themes in geographic thought*. London: Croom Helm, 187—205.

Pickles, J. 1985: *Phenomenology, science and geography: spatiality and the human sciences*. Cambridge: Cambridge University Press.

Penning-Rowsell, E. C. 1981: Fluctuating fortunes in gauging landscape value. *Progress in Human Geography* **5**, 25—41.

Platt, J. 1981: The social construction of positivism and its significance in British sociology, 1950—1980. In Abrams, P. *et al*. (eds.) *Practice and progress: British sociology 1950—1980*. London: George Allen and Unwin, 73—87.

Pocock, D. C. D. 1981a: Place and the novelist. *Transaction, Institute of British Geographers* **NS6**, 337—347.

——1981b: Introduction: imaginative literature and the geographer. In Pocock D. C. D. (ed.) *Humanistic geography and literature*. London: Croom

Helm, 9—19.

Pooler, J. A. 1977: The origins of the spatial tradition in geography: an interpretation. *Ontario Geography* **11**, 56—83.

Popper, K. R. 1945 *The open society and its enemies*. London: Routledge and Kegan Paul.

——1972: *Conjectures and refutations*. Fourth edition. London: Routledge and Kegan Paul.

——1976: *Unended quest*. London: Fontana.

Powell, J. M. 1970: *The public lands of Australia Felix*. Melbourne: Oxford University Press.

——1971: Utopia, millenium and the cooperative ideal. *The Australian Geographer* **11**, 606—618.

——1977: *Mirrors of the new world*. Folkestone: Dawson.

——1980: The haunting of Saloman's house: geography and the limits of science. *The Australian Geographer* **14**, 327—341.

Pred. A. R. 1967: *Behavior and location: foundations for a geographic and dynamic location theory*. Lund: C. W. K. Gleerup.

——1977a: *City-systems in advanced economies*. London: Hutchinson.

——1977b: The choreography of existence: comments on Hagerstrand's time-geography and its usefulness. *Economic Geography* **53**, 207—221.

——1979: The academic past through a time-geographic looking glass. *Annals of the Association of American Geographers* **69**, 175—180.

——1981a: Social reproduction and the time-geography of everyday life, *Geografiska Annaler* **63B**, 5—22.

——1981b: Production, family, and free-time projects: a time-geographic perspective on the individual and societal change in nineteenth century US cities. *Journal of Historical Geography* **7**, 3—36.

——1984a: From here and now to there and then: some notes on diffusions, defusions and disillusions. In Billinge. M., Gregory, D. and Martin, R. L. (eds.) *Reflections of a revolution: geography as spatial science*. Lon-

don: Macmillan, 86—103.

——1984b: Place as historically contingent process: structuration and the time-gegraphy of becoming places *Annals of the Association of American Geographers* **74**, 279—297.

——1984c: Structuration, biography formagion, and knowledge: observations on port growth during the late mercantile period. *Environment and Planning D: Society and Space 2*, 251—276.

Prince, H. C. 1971: Real, imagined and abstract worlds of the past. In Board, C. *et al*. (eds.) *Progress in Geography 3*. London: Edward Arnold, 1—86.

Quaini, M. 1982: *Geography and Marxism*. Oxford: Basil Blackwell.

Rees, J. A. 1985: *Natural resources: allocation, economus and public policy*. London: Methuen.

Relph, E. 1970: An inquiry into the relations between phenomenology and geography. *The Canadian Geographer* **14**, 193—201.

——1976: *Place and placelessness*. London: Pion.

——1981a: *Rational landscapes and humanistic geography*. London: Croom Helm.

——1981b Phenomenology. In Harvey, M. E. and Holly, B. P. (eds.) *Themes in geographic thought*. London: Croom Helm, 99—114.

Rose, C. 1980: Human geography as text interpretation. In Buttimer, A. and Seamon, D. (eds.): *The human experience of space and place*. London: Croom Helm, 123—134.

——1981: Wilbelm Dilthey's philosophy of historical understanding. In Stoddart, D. R. (ed.): *Geography, ideology and social concem*. Oxford: Basil Blackwell, 99—133.

Rossi, I. 1981: Transformational structuralism: Lévi-Strauss's definition of social structure. In Blau, P. M. and Merton R. K. (eds.) *Continuities in structural inquiry*. Beverly Hills: Sage Publications, 51—80.

Rowles, G. 1978: Reflections on experiential field work. In Ley, D. and Samucls, M. S. (eds.) *Humanistic geography*. London: Croom Helm, 173—193.

Rushton, G. 1969: Analysis of spatial behavior by revealed space preferences. *Annals of the Association of American Geographers* **59**, 391—340.

Sack, R. D. 1974: The spatial separatist theme in geography. *Economic Geography* **50**, 1—19.

——1980a: Conceptious of geographic space. *Progress in Human Geography* **4**, 313—345.

——1980b: *Conceptions of space in social though*. London: Macmillan.

——1983: Human territoriality: a theory. *Annals of the Association of American Geographers* **73**, 55—74.

Samucls, M. S. 1978a: Existentialism and human geography. In Ley, D. and Samuck, M. S. (eds.) *Humanistic geography*. London: Croom Helm, 22—40.

——1978b: Individual and landscape: thoughts on China and Tao of Mao. In Ley, D. and Samucls, M. S. (eds.) *Humanistic geography*. London: Croom Helm, 283—296.

——1979: The biography of landscape. In Meinig, D. W. (ED.) *The interpretation of ordinary landscapes*. New York: Oxford University Press, 51—80.

——1981: An existential geography. In Harvey, M. E. and Holly, B. P. (eds.) *Themes in geographic thought*. London: Croom Helm, 115—133.

Santos, M. 1975: *The shared space*. London: Methuen.

Saunders, P. 1981: *Social theory and the urban question*. London: Hutchinson.

Saussure, de. F. 1966: *Course in general linguistics*. New York: McGraw Hill.

Sayer, A. 1979a: Epistemology and conceptions of people and nature in geography. *Geoforum* **10**, 19—44.

——1979b: Understanding urban models versus understanding cities. *Envitomment and Planning A* **11**, 853—862.

——1982a: Explanation in economic geography: abstraction versus generalization. *Progress in Human Geography* **6**, 68—88.

——1982b: Explaining manufacturing shift: a reply to Keeble. *Emironment and Planning A* **14**, 119—125.

——1984: *Method in social science: a realiss approach*. London: Hutchinson.

——1985: Realism and geography. In Johnston, R. J. (ed.) *The future of geography*. London: Methuen, 159—173.

Sayer, D. 1979: *Marx's method*. Brighton: Harvester Press.

Scarbrough, E. 1984: *Political ideology and voting*. Oxford: Clarendon Press.

Scargill, D. L. 1985: Space, place and region: towards a transformed regional geography. *Geography* **70**, 138—141.

Scheibling, J. 1977: Debates et combats sur la crise de la geographie. *La Pensée* **194**, 41—56.

Schutz, A. 1964: *Collected papers II: studies in social theory*. The Hague: Martinus Nijhoff.

——A. 1971: *Collected Papers I: the problem of social reality*. The Hague: Martinus Nijhoff.

——A. 1972: *The phenomenology of the social world*. Translated by G. Walsh and F. Lehnert. London: Heinemann. First German edition 1932.

Seamon, D. 1979: *A geography of the lifeworld*. London: Croom Helm.

Sensat, J. 1979: *Habermans and Marxism*. Beverly Hills: Sage Publications.

Shaw, W. H. 1978: *Marx's theory of history*. London: Hutchinson.

Short, J. R. 1984: *The urban arena*. London: Macmillan.

Simmons, I. G. and Cox, N. J. 1985: Holistic and reductionist approaches to geography. In Johnston, R. J. (ed.) *The future of geography*. London: Methuen, 43—58.

Sklair, L. 1981: Sociologies and Marxisms: the odd couples. In Abrams, P. *et al.* (eds.) *Practice and progress: British sociology 1950 — 1980*. London: George Allen and Unwin, 151—171.

Slater, D. 1973: The poverty of modern geographical enquity. *Pacific View-*

poim **16**,159—176.

Smith,D. M. 1977:*Human geography:a welfare approach*. London:Edward Arnold.

——1979:Modelling industrial location. In Hamilton,F. E. I. and Linge,G. J. R. (eds.) *Spatial analysis, industry and the industrial environment*. Chichester:John Wiley,37—55.

——1981:Macxian economics. In Johnston, R. J. (ed.) *The Dictionary of Human Geography*. Oxford:Basil Blackwell,203—209.

——1981b: *Industrial location: an economic geographical analysis*. New York:John Wiley.

Smith,Neil. 1979:Geography, science and post-positivist modes of explanation. *Progress in Human Geography* **3**,356—383.

——1984:*Uneven development*. Oxford:Basil Blackwell.

Smith,N. and Wilson,D. 1979a:*Modern linguistics:the results of Chomsky's revolution*. London:Penguin.

Smith,S. J. 1981:Humanistic method in contemporary social geography. *Area* **13**,293—298.

——1984:Practicing humanistic geography. *Annals of the Association of American Geographers* **74**,353—374.

Smith,T. R. 1983:More thoughts on theory in the social sciences. *Geagraphical Analysis* **15**,40—42.

Soja,E. W. 1980:The socio-spatial dialectic. *Annals of the Association of American Geographers* **70**,207—225.

——1985:The spatiality of social life:towards a transformative tetheorisation. In Gregory,D. and Urry,J. (eds.)*Social relations and spatial structures*. London:Macmillan,90—127.

——and Hadjimichalis,C. 1979:Between geographical materialism and spatial fetishism:some observation on the development of Marxist spatial analysis. *Antipode* **11(3)**,3—11.

Spiegelberg,H. 1975:*Doing phenomenology*. The Hague:Martinus Nijhoff.

——1976 *The pheriomenological movement:a historical introduction*. Second edition:two volumes. The Hague:Martinus Nijhoff.

Stoddart,D. R. 1966:Darwin's impact on geography. *Annals of the Association of American Geographers* **56**,683—698.

Storper,M. ,Walker,R. A. ,Widess,E. (1981):Performance regulation and industrial location:a case study. *Environment and Planning A* **13**,321—338.

Taylor,P. J. 1976:An interpretation of the quanification debate in British geography. *Transactions,Institute of British Geographers* **NS1**,129—142.

——1981:Factor analysis in geographical research. In Bennett,R. J. (ed.) *European Progress in Spatial Analysis*. London:Pion,251—267.

——1982:A materialist framework for political geography. *Transactions,Institute of British Geographers* **NS7**,15—34.

——1983:The question of theory in political geography. In Waterman,S. and Kliot,N. (eds.) *Plutalism and political geography*. London:Croom Helm.

——1985a:*Political geography:world-economy,nation-state and locality*. London:Longman.

——1985b:The value of a geographical perspective. In Johnston,R. J. (ed.) *The future of geography*. London:Methuen,92—109.

——1986a:The world-systems project. In Johnston,R. J. and Taylor,P. J. (ed.) *A world in crisis? Geographical perspectives*. Oxford:Basil Blackwell,269—289.

——1986b:Chaotic conceptions,antinomies,dilemmas and dialectics:who's afraid of the capitalist world-economy? *Political Geography Quarterly* **5**.

——1986c:The myth of developmentalism. In Gregory,D. and Walford,R. (eds.) *New horizons in geography*. London:Macmillan.

——and Johnston,R. J. 1979:*Geography of election*. London:Penguin.

——and Johnston,R. J. 1984:The geography of the British state. In Short,J. R. and Kirby. A. M. (eds.) *The Human geography of contemporary*

Britain. London:Macmillan. 23—39.

Thayer,H. S. 1973:*Meaning and action:a study of American pragmatism*. Indianapolis:Bobbs-Merrill.

Thomas,D. 1979 *Naturalism and social science*. Cambridge:Cambridge University Press.

Thrift,N. J. 1979 Unemployment in the inner city:urban problem or structural imperative? In Herbert,D. T. and Johnston,R. J. (eds.) *Geography and the urban envirvnment* Volume 2. Chichester:John Wiley,125—126.

——1983:On the determination of social action in space and time. *Environment and Planning D:Society and Space* **1**,23—58.

——1986:The geography of international economic disorder. In Johnston,R. J. and Taylor,P. J. (eds.) *A world in crisis? Geographical perspectivers*. Oxford:Basil Blackwell,12—67.

Timms,D. W. G. 1971:*The urban mosaic*. Cambridge:Cambridge University Press.

Tocalis,T. R. 1978:Changing theoretical foundations of the gravity concept of human interaction. In Berry,B. J. L. (ed.) *The nature of change in geographical ideas*. de Kalb:Northern Illinois University Press,65—124.

Tuan,Y-F 1974a:Space and place:humanistic persperctives. In C. Board *et al*. (eds.) *Progress in Geography* **6**. London:Edward Arnold,211—252.

——1974b:*Topophilia*. Englewood Cliffs:Prentice-Hall.

——1976:Humanistic geography. *Annals of the Association of American Geographyers* **66**,266—276.

——1977:*Space and place*. London:Edward Arnold.

——1978:Literature and geography:implications for geographical research. In Ley,D. and Samuels,M. S. (eds.) *Humanistic geography*. London: Croom Helm,194—206.

——1979:*Landscapes of fear*. Oxford:Basil Blackwell.

——1983:Geographical theory:queries from a cultural geographer. *Geographical Analysis* **15**,69—72.

Urry, J. 1981: Localities, regions and social class. *International Journal of Urban and Regional Research* **5**, 455—474.

Walker, R. A. 1978: The transformation of urban structure in the nineteenth century and the beginnings of suburbanization. In Cox, R. R. (ed.) *Urbanization and conflict in market societies*. Chicago: Maaroufa Press, 165—212.

——1981a: A theory of suburbanization: capitalism and the construction of space in the United States. In Dear, M. J. and Scott, A. J. (eds.) *Urbanization and urban planning in capitalist soxiety*. London: Methuen, 383—430.

——1981b: Left-wing libertarianism, an academic disorder: a response to David Sibley. *The Professional Geographer* **33** 5—9.

Wallace, I. 1978: Towards a humanized conception of economic geography. In Ley. D. and Samuels, M. S. (eds.) *Humanistic geography*. London: Croom Helm, 91—108.

Wallerstein, I. 1974: *The modern world-system: capitalist agriculture and the origins of the capitalist world-economy in the sixteenth century*. New York: Academic Press.

——1980: *The modern world-system Volume II: mercantilism and the consolidation of the European world-economy 1600—1750*. New York: Academic Press.

——1983: *Historical capitalism*. London: Verso.

——1984: *The politics of the world-economy*. Cambridge: Cambridge University Press.

Watson, J. W. 1983: The soul of geography. *Transactions, Institute of British Geographers* **NS8**, 385—299.

Wilson, A. G. 1970: *Entropy in urban and regional modelling*. London: Pion.

——1980: *Geography and the environment: systems analytic methods*. Chichester: John Wiley.

——1981: *Catastrophe theory and bifurcation*. London: Croom Helm.

Wolff, K. H. 1979: Phenomenology and sociology. In Bottomore T. and Nisbet R. (eds.) *A theory of sociological analysis*. London: Heinemann, 498—556.

Wooldridge, S. W. 1936: The Anglo-Saxon settlement. In Darby, H. C. (ed.) *An historical geography of England before 1500*. Cambridge: Cambridge University Press, 88—132.

Wright, J. R. 1947: *Terrat incognitae: the place of imagination in geography*. *Geographical Review* **37**, 1—15.

Zorbaugh, H. W. 1926: The natural areas of the city. *Publications of the American Sociological Society* **20**, 188—197.

主 题 索 引

（数字系英文原版页码，在本书中为边码）

作 者 索 引

（数字系英文原版页码，在本书中为边码）

图书在版编目(CIP)数据

哲学与人文地理学/(英)R.J.约翰斯顿著;蔡运龙,江涛译.—北京:商务印书馆,2017
(汉译世界学术名著丛书:120年纪念版:珍藏本)
ISBN 978-7-100-14428-5

Ⅰ.①哲… Ⅱ.①R… ②蔡… ③江… Ⅲ.①人文地理学—研究 Ⅳ.①K901

中国版本图书馆CIP数据核字(2017)第153143号

汉译世界学术名著丛书
(120年纪念版·珍藏本)
哲学与人文地理学
〔英〕R.J.约翰斯顿 著
蔡运龙 江 涛 译

商 务 印 书 馆 出 版
(北京王府井大街36号 邮政编码100710)
商 务 印 书 馆 发 行
北京中科印刷有限公司印刷
ISBN 978-7-100-14428-5

2017年12月第1版 开本710×1000 1/16
2017年12月北京第1次印刷 印张19
定价:95.00元